幸福の法

人間を幸福にする四つの原理

大川隆法

まえがき

第一巻『太陽《たいよう》の法《ほう》』、第二巻『黄金《おうごん》の法』から、第七巻の『大悟《たいご》の法』まで書き進んだ「法シリーズ」（いずれも幸福の科学出版刊）も、この『幸福《こうふく》の法』で第八巻目となる。

いままで、さまざまな教義《きょうぎ》を述《の》べてきたが、もう一度、幸福の科学の原点に立ち返って、「幸福とは、いったい何であるか」ということを主《しゅ》たるテーマとして書き下ろしたものである。

結局、いかにさまざまな言葉を連《つら》ねようとも、幸福の彼岸《ひがん》に人々を導《みちび》くことができないのであるならば、私の光の力は、やはり本来の使命《しめい》を果《は》たしていると は言えない。だから、この書は、できるだけ分かりやすく、初めて仏法真理《ぶっぽうしんり》に接《せっ》した人にとっても分かるような言葉で書き下ろした。

第1章では、「不幸であることをやめるには」と題して、各人の心のなかに潜《ひそ》む孤独《こどく》や不安をえぐり出して、「実は、あなた自身の考え方が自分を不幸にしているのだ。幸福になれないのではなくて、むしろ自分が知らず知らずのうちに不幸を求めているのだ」ということを逆説的《ぎゃくせつてき》に説《と》いたのである。一見《いっけん》、「そういう考え方ができるのだろうか」と驚《おどろ》くであろうが、現実《げんじつ》には、幸福になろうとするより前に、「不幸であることをやめる」決意をすることが大事なのである。

第2章では、「ワン・ポイント・アップの仕事術《しごとじゅつ》」と題して、私が説いている数多くの仕事論《しごとろん》、あるいは経営論《けいえいろん》のなかで、最も基本的《きほんてき》で初歩のものと思われるものを取り上げてみた。現代人《げんだいじん》の多くが、会社あるいはそれ以外の職場《しょくば》において、日夜、仕事に精励《せいれい》しているという現実がある。ゆえに、仕事術を無視《むし》して現代的幸福論は成り立たないのではないかと考えたのである。

それも、大きな仕事を成《な》し遂《と》げようという壮大《そうだい》なものではない。本章で取り上げたのは、いまのあなたの仕事の能力、あるいは仕事のやり方を、ワン・ポイントだけ引き上げることはできないかという観点《かんてん》だ。極《きわ》めて易《やさ》しい切り口からのアプローチと考えてよい。幸福の科学の精舎《しょうじゃ》では、もっと奥《おく》の深い経営論の研修《けんしゅう》もやってはいるが、初学者にとっては、こうした平易《へいい》な語り口のもののほうが、かえって救《すく》いになるものであると信じている。

そして、さらに、第3章、第4章においては、共《とも》に、私の今回の法の中心と言うべき現代的四正道《げんだいてきよんしょうどう》、「幸福の原理」について語ったものを集めてみた。「愛・知・反省・発展《はってん》」の四つの原理について説明したものを、違《ち》ったかたちで二編《へん》、並《なら》べてみた。この二編を比較《ひかく》して読めば、私の真実言わんとすることが多くの人に分かるだろう。

幸福の科学は基本的に「正しき心の探究《たんきゅう》」からの「幸福の原理」を教えている。そして、その「幸福の原理」とは何かということが、いろいろなかたちで展開《てんかい》されているのである。

この第3章、第4章を精読《せいどく》することによって、多くの人々が幸福の科学への入り口を正しく理解《りかい》してくれるものと思う。

第5章「太陽の時代の到来《とうらい》を信じて」は、この法シリーズの第一巻である『太陽の法』が指《さ》し示《しめ》した未来図《みらいず》、そのユートピアへの方向性を、また新《あら》たなかたちで私のメッセージとして語ったものである。

おそらく、この仏法真理が広がっていくにつれて、この地上は仏国土《ぶっこくど》ユートピアへと変貌《へんぼう》していくことだろう。その時代を「太陽の時代」と称《しょう》し、太陽の時代の到来を、限《かぎ》りなく憧《あこが》れつつ信じていきたいと考えている。
本書が、あるべき未来のために役に立つことを期待している。

二〇〇三年　十二月

幸福《こうふく》の科学《かがく》グループ創始者兼総裁《そうししゃけんそうさい》

大川隆法《おおかわりゅうほう》

幸福の法　目次

第2章　ワン・ポイント・アップの仕事術《しごとじゅつ》
——仕事ができる人になる四つの視点《してん》

第4章　幸福の科学入門

――「幸福になる心のあり方」を、すべての人に

第5章 太陽《たいよう》の時代の到来《とうらい》を信じて
――『太陽の法《ほう》』が導《みちび》く未来《みらい》社会へ

第1章

不幸であることをやめるには

——運命を超《こ》える方法

1　幸・不幸の感じ方は人それぞれ

「一億円あれば幸福」とは限《かぎ》らない

私の著書《ちょしょ》『奇跡《きせき》の法』（幸福の科学出版刊）のなかに、第1章として「運命を逆《ぎゃく》転《てん》させる法」というものがあります。そこでは、「運命を逆転させる法」について、非常に簡潔《かんけつ》かつ理論的《りろんてき》なかたちで述《の》べてあるので、ここでは、もう少し、それに関連する周辺の話をしてみようと思います。

「運命を逆転させる法」とは、ずいぶん大胆《だいたん》といえば大胆な言いきり方ですが、それで実際に運命が逆転するかどうかは、その内容《ないよう》をどのように理解《りかい》し、実践《じっせん》するかということにかかっています。読者によって内容の受け止め方はそれぞれでしょうし、抽象的《ちゅうしょうてき》な書き方をしている部分を読者がどのように理解するかは、一人ひとりに訊《き》いてみないと、なかなか分からないところもあります。

「運命を逆転させる」ということを、簡単《かんたん》な言葉で言い換《か》えれば、どうなるかと考えてみると、結局、大多数の人々のニーズは、「何とかして、不幸であることをやめたい」というところにあるのではないでしょうか。

そこで、「不幸であることをやめるには、どのようにすればよいのか」というテーマを探究《たんきゅう》していくことにしたいと思います。

人は、どのようなときに不幸感覚が強くなるでしょうか。もちろん、その感覚、あるいは不幸を感じる内容は、年齢相応《ねんれいそうおう》に変わってきますし、時間の流れのなかでの自分の位置《いち》づけや、社会的な立場のなかでの自分の位置づけと連動《れんどう》して変わってくるものです。

したがって、「こうなれば確実《かくじつ》に不幸であり、こうなれば確実に幸福である」

と言えるものがあるわけではないのです。

たとえば、「一億円あれば幸福で、なければ不幸」というようなものでは必ずしもありません。

また、体が強ければ幸福で、弱ければ不幸かといえば、一般的《いっぱんてき》にはそのように言えるかもしれませんが、やはり、その人の置《お》かれた状況《じょうきょう》によりけりのところがあります。相撲取《すもうと》りは、体の大きいほうが、強くて幸福かもしれませんが、普段《ふだん》の生活はおそらく大変だろうと思います。彼《かれ》らは、朝、起きたときの身軽《みがる》さを、もう何年も経験していないでしょうから、普通《ふつう》の人のように身軽になってみたいことでしょう。

世のサラリーマンは、毎日、満員電車に乗って通勤《つうきん》することを不幸に感じ、「できれば、自宅《じたく》から歩いていけるような近い所に勤《つと》めたい」と思っているかもしれません。しかし、定年になって会社勤めを辞《や》めると、急に足が弱り、通勤していたことが幸福であったと分かることもあります。

このように、物事《ものごと》は、「こうであれば、確実にこういう結果が出る」とは言えないものです。同じ状況、同じ内容であっても、その人の置かれた立場、受け取り方によって変わってくるものなのです。

人生から何を学び取るか

悩《なや》みというものは、大人だけのものではありません。現代《げんだい》では、子供《こども》たちにも、ずいぶん悩みは多いでしょう。

競争《きょうそう》社会でもありますし、また、親にも悩みがあって、その親の悩みを受けて悩む場合もありますし、親の仕事能力や見識《けんしき》などの限界《げんかい》によって悩みが生《しょう》じることもありますし、自分自身の性質によって悩みが生じることもあります。

ただ、概《がい》して言えば、比較的《ひかくてき》年少のころは、できれば、自分より目上の人、大人たちが、立派《りっぱ》に見えたほうがよいのです。もちろん、さまざまな欠点など、悪いところも見えるでしょうが、その悪いところが少なめに感じられて、立派なところが多く見える人、大人が理想的に見える人ほど、順調に成長しやすいということが言えます。

ところが、大人になって、仕事をするようになり、さまざまな経験を経《へ》てきたときには、今度は逆《ぎゃく》に、自分自身に対しても、他《た》の人に対しても、ある程度《ていど》、欠点や弱点も分かるほうが成長しやすいのです。

大人になって、しかるべき立場に立っても、自分の欠点も弱点も分からず、他人の欠点も弱点も分からないような人は、おめでたいといえば、おめでたいのですが、もう一つ成長しないことがあります。

したがって、「子供時代は、なるべく、大人が立派に見え、世間《せけん》の大部分が自分の先生になるような状況《じょうきょう》にあるほうが、成長は順調である。自分が大人になって、逆の立場、教える立場になったときには、自分自身や他人の欠点、あるいは失敗しやすいところについて、よく自覚できるほど、まだ成長の余地《よち》がある」と言えるのです。一般的《いっぱんてき》には、こういう見方がよいと思います。

ただ、それとは逆の場合も、ときどきあります。

小さいころに、親が、ひどい親であったという場合がそうです。特《とく》に現代では、そういう親が多くなっていると言われています。子供を虐待《ぎゃくたい》したり、子供のことをまったく顧《かえり》みなかったり、酒乱《しゅらん》であったり、貧乏《びんぼう》で子供にご飯を充分《じゅうぶん》に食べさせることができなかったり、いろいろな弱点や欠点を持った親も多いのです。

それで、幼児《ようじ》虐待をはじめ、さまざまな問題で心に悩みを持ちながら育っている子供が増《ふ》えています。

そういう子供が大人になると、たいていの場合、それをそのまま引きずっていきます。そのため、子育てが下手《へた》な親の家庭に育った人は、自分が家庭を持ったときにも、やはり子育てが下手であることが多いようです。

そういう子供が、将来《しょうらい》、成功していくためには、前述《ぜんじゅつ》したこととは逆の考え方をしていったほうがよいのです。子供時代に、「何という、ひどい親だろう」と思ったならば、決意すべきことは、ただ一点、「自分は、こういう親にはなるまい」ということです。「こういう大人にはなるまい。大人になったときに、こうはなるまい。この逆になろう」ということを心に思っていると、だんだん、そのようになっていくものなのです。

世間では、自分の子供時代の経験を、大人になってから、もう一度くり返す人が多いので、子供時代の経験のなかにマイナスと思えるものが多い人は、それを一生引きずって生きないことが大事です。その逆になるように努力しなくてはいけないのです。

小さいころに、大人の悪いところ、間違《まちが》ったところが、たくさん見えた子供は、逆に、できるだけ、「こうはなるまい」と思って成長を期《き》すことです。

そのように、大人の悪いところを見て育った子供は、いろいろなことを見て、「ああはなるまい」と思い、その逆の手を打つことによって、大人になったときに成功していくことが多いのです。

そして、職業《しょくぎょう》などにおいて、ある程度、社会的に成功してくると、人からほめられることが多くなってきます。人にほめられるようになって、それでも人のことを悪く思ったり、悪く言ったりしつづけることができるかというと、それは難《むずか》しいことです。人からの称賛《しょうさん》が増えてくるようになると、やはり、ほかの人たちをよい人だと思うようになってきます。

小さいころは、大人の悪いところが見えたのに、大きくなってからは、不思議《ふしぎ》なことに、逆に、まわりの大人がよい人に見えてくるのです。

このように、逆に、逆のパターンで成功する場合もあります。

オーソドックスなかたちとしては、小さいうちは物事の理解が浅いので、できるだけ、目上の人が理想的で力があるように見えて尊敬《そんけい》できるほうが、順調に育ちやすいと言えます。

しかし、逆の場合もあります。大人の悪いところが見え、「こうはなるまい」と心に誓《ちか》って成長していったときに、逆の仕方で成功することがあるのです。

一方、小さいころに恵《めぐ》まれていた人は、今度は、その恵まれていたことが失敗の要因《よういん》になることもあるので、次に、人生の悪の部分、つまり、人が間違ったり失敗したりしやすいところ、落《お》とし穴《あな》などを研究していく必要があります。それをしなければ、その後《ご》の成長の要因を供給《きょうきゅう》しつづけることはできません。

やはり、よい環境《かんきょう》のままで一生を全《まっと》うできる人は少ないので、小さいころの環境がよく、まわりが素晴《すば》らしく見えた人は、今度は、ある程度、世間の辛酸《しんさん》というものを研究していかなくてはならないのです。

そして、自分の足《た》らざるところや他人の足らざるところを見れば見るほど、「次にやらねばならぬことは何であるか」ということが分かってきます。それが、次なる成功の要因になります。

したがって、「幸・不幸というのは、固定的なものがあるのではない」ということを、まず知っていただきたいのです。

「常勝思考《じょうしょうしこう》」など、いろいろなかたちで私が説《と》いてきたとおり、幸・不幸は、固定的なものがあるわけではありません。与《あた》えられた題材から何を学び取り、どう生き方を変えていくかによるのです。

「人生は一冊《いっさつ》の問題集である」とも私は説いていますが、「その問題集は、それぞれの人によって解《と》き方が違《ちが》うのだ。それぞれの人にとって、ちょうどよいテーマが与えられているのだ」ということを知らなければいけません。

2　成功の種《たね》と失敗の種

最高の幸福が最高の不幸になるとき

大人になると、自分の惨《みじ》めさや劣《おと》ったところに対する劣等感《れっとうかん》などが、だんだん強くなってきて、そういうものを意識している自分を「不幸だ」と思う人が多くなります。「自分は、こんな欠点があるから不幸だ。これがあるから幸福になれない」「自分は、こんな悩《なや》みがあるから幸福になれない」「自分は、この劣等感から逃《のが》れられないから不幸だ」と思うのです。

確《たし》かに、主観的《しゅかんてき》にはそうなのですが、客観的《きゃっかんてき》にはそうでないことが多いのです。

なぜなら、自分自身の欠点や弱点、失敗しやすい点を知っている人には、「自分は何をなすべきか」ということが非常に簡単《かんたん》に分かるというメリット（利点）があり、そういう人は、自分のやるべきことが、かなりはっきりしているからです。

自分の失敗や欠点に直面したときに、「何がいけなかったのか。何をしなければいけないのか」ということが、他《た》の人に教《おそ》わらなくても自分自身で分かるので、〝家庭教師《きょうし》〟が要《い》らないのです。

失敗をしたときには、「どうしたらよいのか」と悩むものですが、悩むなかに、すでに成功への芽《め》が出ています。その失敗のなかに教材が入っていて、次に自分のなすべきことが、もう出てきているのです。

そのような捉《とら》え方をしていく必要があります。

ある意味では、成功の連続ほど怖《こわ》いものはないのです。なぜなら、成功のなかには次の失敗の種《たね》があるのですが、成功しているときは、それに気がつかないことが多いからです。その時点では気がつかずに、五年後、十年後に、「あのあたりに、すでに失敗の種があったのだ」と分かることがよくあります。

したがって、成功はうれしいものですが、怖い面もあります。成功がほかのものを覆《おお》い隠《かく》してしまい、失敗の種や欠点が見えなくなることがあるのです。何かの失敗をする場合には、その種は、必ずと言ってよいほど、順調なときにまかれていたものです。ところが、それに気がついていなかっただけなのです。

そういうことを、よく知っておかなくてはいけません。

たとえば、政治家ならば、ほとんどの人は、「一度は総理大臣《そうりだいじん》になってみたい」と思うものでしょう。しかし、実際に総理大臣になってみたところ、朝起きて新聞を見ると、どれもこれも、「辞《や》めろ、辞めろ」と、自分の悪口ばかり書いてあったりします。これは、たまりません。

みなさんは、そういう立場に置《お》かれていないので、その感覚はなかなか分からないでしょうが、実際に自分のことだと思ってみてください。

新聞を読めば、どれも一面から自分の悪口が書いてあります。ときには、いちばん大きな活字で書いてあります。テレビを観《み》れば、また自分の悪口を言っています。週刊誌《しゅうかんし》を見れば、また悪口が書いてあります。

そうすると、「どうして、世の中はこんなに悪人の山なのか。彼《かれ》らは人の悪口しか言えないのだろうか。世の中には、人の悪口を言って御飯《ごはん》を食べている人間が、これほどたくさんいるのか」と衝撃《しょうげき》を受けるはずです。

ただ、それは成功の代償《だいしょう》なのです。充分《じゅうぶん》な準備《じゅんび》がないまま、ある日突然《とつぜん》、総理大臣になったりすると、そのようになるわけです。

政治家なら、「一度は総理大臣になってみたい」と、みな思うでしょうが、なれないことが幸福な場合もあります。総理になれないからこそ、何をしても怒《おこ》られないし、自由に動けるのです。

重要閣僚《かくりょう》ぐらいになってくると、ちょっとしたことで批判《ひはん》を受けはじめ、「どうして、こんなことが問題になるのか」と驚《おどろ》くことがあるのですが、総理になると、もっと厳《きび》しくなります。

結局、自己認識《じこにんしき》の変換《へんかん》が必要なのです。「自分はずっと同じ自分なのに、なぜ人の意見が変わるのか」と思うわけですが、自分の置かれる立場によって、あるべき姿《すがた》が変わってくるのです。そういう、自分の将来《しょうらい》の姿を予想できない人は、あとになって、その準備ができていないために苦しくなります。

政治家にとって、総理大臣になるということは、最高の幸福であり、使命感《しめいかん》が達成《たっせい》できたということなのに、その最高の幸福であるべきときに、「針《はり》のむしろ」になって、最高の不幸のようになるのです。これは本人には理解不能なことでしょう。

このように、成功していく過程《かてい》、出世《しゅっせ》していく過程のなかに、実は次の失敗の種があるのですが、それに気がつかないことが多いのです。成功の過程においては、「自分は普通《ふつう》の人なのに、こんなにうまくいった。うまく成功した」と思うようなことが続くのですが、その「普通の人なのに成功した」と思っていることのなかに、実は、先行《さきゆ》き自分を不幸にする種があります。

要するに、「成功の階段《かいだん》を上がっていくと、普通の人であってはいけなくなってくる」ということです。一段《いちだん》上がるたびに、普通より優《すぐ》れた人にならなくてはいけないのです。

優れた人になるためには、他の人より多くの知識も必要ですし、見識《けんしき》も必要ですし、経験も必要です。

また、それまでは、「自分がどう思うか」という、自分の気持ちだけを考えていたのが、今度は、自分の気持ちだけではなく、「ほかの人がどう思うか。ほかの政治家がどう思うか。マスコミがどう思うか。国民がどう見るか」ということを考える必要があります。

あるいは、地元の選挙民《せんきょみん》のことだけを考えていたのが、「地元の選挙民以外の人たちの気持ちはどうか」と考える視野《しや》の広さが必要になってきます。

それまで以上の視野の広さを獲得《かくとく》しないかぎり、新《あら》たな自己像《じこぞう》に堪《た》えられなくなって、不幸感覚が強くなってくるのです。

成功を続けていくためのヒント

ポピュラーな事例《じれい》のほうが分かりやすいので、政治家や総理大臣を例に取りましたが、これは、会社の社長であろうと、学校の先生であろうと、その他の人であろうと、同じようなことがあります。

人は成功を願《ねが》うものです。成功を願うということは、「いまよりも偉《えら》くなりたい」と願うということです。「自分の立場を、いまより一段上げたい。二段上げたい」と願うのです。

しかし、そうなった場合には、立場相応の重荷《おもに》がやってきて、それだけ人の目が厳《きび》しくなってきます。ところが、本人は、「自分は、いままでの自分と同じだ」と思っていたりします。

もちろん、過去《かこ》の自分の延長上《えんちょうじょう》にあることは確《たし》かですが、何かのハードルを越《こ》えたときには、同じ人でなくなる面もあるのです。そのときに、「自分は、いままでの自分ではない別《べつ》の人間になるのだ。脱皮《だっぴ》しなくてはいけないのだ」ということを知らない人は、その成功が次の不幸の要因になっていくことがあります。

会社に勤《つと》めている人は、ほとんどの人が「社長になりたい」と思うかもしれません。しかし、たとえば社員が一万人ぐらいの会社の場合、実際に社長になれる人は、千人に一人もいないでしょう。

社長になれないほうが幸福なこともあるのですが、ほとんどの人は、「社長になれないことの不幸」を嘆《なげ》きます。社長になった人がいると、「なぜ、あいつはあんなに運がよいのか」と羨《うらや》み、自分がなれないことの不幸を言うのです。しかし、「社長になった場合の不幸」というものもあるのです。

経済が成長期にあって、何をやってもうまくいっていた時期には、お飾《かざ》りで社長の椅子《いす》に座《すわ》っていてもよかったのですが、低成長期からデフレに入り、乱気流《らんきりゅう》の時代に入ってくると、責任《せきにん》ある立場にいるということは、たいへんつらいことです。夜、従業員《じゅうぎょういん》のほうはぐっすり眠《ねむ》れるのに、社長のほうは眠れないということがあります。

また、以前は、「高級官僚《かんりょう》になれば、五十歳《さい》を過《す》ぎたら天下《あまくだ》りをして、会社を転々としながら退職金《たいしょくきん》を貰《もら》っていける。羨ましい」と言われていましたが、いまの高級官僚は、天下っても大変なことが多いのです。

昔《むかし》はお飾りでよかったのですが、いまは、それでは済《す》まなくなってきているため、業務に精通《せいつう》していないのに業務上の判断《はんだん》を求められ、どう判断したらよいかが分からず、苦しいわけです。その会社に何十年も勤め、選《え》り抜《ぬ》かれた人であって初めてできるような判断を、急によそから来た人ができるはずはないのです。

そういうことがあるので、天下りをして、ほんとうは、楽な後半生《こうはんせい》になるはずだったのに、首吊《くびつ》り自殺をする人も跡《あと》を絶《た》ちません。「あんなに偉《えら》くなったのに、なぜ死ななければいけないのか」と世間の人は思うのですが、たいていは、仕事上の問題を解決できないことが原因です。

お飾りでよかった時代とは違《ちが》い、いまは重要な判断を求められるわけですが、もし判断を間違えたら、みんなが路頭《ろとう》に迷《まよ》ってしまいます。あるいは、世間が許《ゆる》してくれず、厳《きび》しい批判が来ます。これに耐《た》えられないのです。

「自分は、いままでと同じ自分だ」と思うのに、一方で、出世の階段を上がっていき、一歩《いっぽ》、越《こ》えて、「これで楽ができる」と思ったら、逆に「針のむしろ」になるということがよくあるのです。恐《おそ》ろしいことです。

悩《なや》みの種は自分を育てる種でもある

成功している段階《だんかい》においては、そこに次の失敗の種がまかれているということは、そう簡単《かんたん》には分かりません。成功者は、自尊心《じそんしん》も高くなり、人の意見が聞こえなくなってくるからです。

したがって、何か自分の欠点や弱点がある人、あるいは、それをいつも意識している人は、ある意味で幸福かもしれないのです。

「一病息災《いちびょうそくさい》」という言葉のとおり、「体に何か悪いところのある人は、体をいたわるので、健康で長生きする。徹夜《てつや》をしても、びくともしないような人のほうが、かえって危《あぶ》ない」ということがあります。

同じように、自分の欠点や弱点を、三十歳になっても四十歳になっても五十歳になっても意識している人は、あまり無理をしませんし、やはり、成長の余地《よち》があるのです。

みなさんは、悩《なや》みの種として持っているものが幾《いく》つかあるでしょうが、それはまた、自分を励《はげ》まし、育てる種でもあるのだと考えたほうがよいのです。

たとえば、「六十歳になっても七十歳になっても、まだ知的コンプレックスがある」ということは、ありがたい話です。普《ふ》通《つう》であれば、とうの昔に諦《あきら》めているはずです。六十歳になっても七十歳になっても、「自分は、まだ勉強が足《た》りないな」「自分は能力が低いな」「自分は考えが足りないな」というようなことでコンプレックスを持つ人がいたならば、それはそれだけで、その人が優《すぐ》れた人であることを意味しています。それは、「まだ自分に満足していない」ということであり、そこに成長の余地があるのです。

さまざまなことを知り、経験していくにつれて、「矛《む》盾《じゅん》した部分のなかに、いかに次の成功や発展《はってん》の種があるか」ということに気がつくようになります。

たとえば、若《わか》い人は体力がありますし、感性も非常に優れていますが、知識や経験の少ないところが弱点です。

ところが、年を取ってくると、体は間違いなく弱ってきますし、感性も鈍《にぶ》ってきます。神経が少し太くなり、あまり感じなくなってくるところがあるのです。体力や感性といった、若者《わかもの》にとって特徴的《とくちょうてき》であったものが薄《うす》れていき、その代わり、知識や経験が増《ふ》えてきます。

このように、逆のものに入れ替《か》わってくるわけです。

若いうちは、いくら無理をしても大丈夫《だいじょうぶ》だったのが、四十歳を過ぎると、無理が利《き》かなくなってきます。そうなってきたら、次は、無理をしなくても仕事が続けられる方法を考えるしかありません。そのための知識であり経験であったはずです。

また、若い人のような感性がなくなってきたら、感性がなければできないような仕事や発想は、若い人に任《まか》せることを考えていかなくてはなりません。

このように年齢相応《ねんれいそうおう》の考え方をしていく必要がありますし、たいていは、現在、いちばん使えている能力の対極《たいきょく》にあるものが、将来《しょうらい》において、自分を励《はげ》まし、育てるものになることが多いのです。

体力が自慢《じまん》の人は、体力ではないもの、すなわち知力や経験が必要になってきます。

それから、知性が強くなりすぎると、意志が弱くなることもあります。「勉強がよくできて、いろいろなことを知っていると、いいだろうな」と思うでしょうが、いろいろなことを知りすぎると、今度は、ある意味で意気地《いくじ》なしになってしまうようなところがあるのです。勇気がなくなり、優柔不断《ゆうじゅうふだん》になって、「行動ができない」「結論《けつろん》が出せない」「踏《ふ》み出せない」ということがあるわけです。

そのように、知性的な人は意志薄弱《はくじゃく》になりやすいので、強い意志をつくるように努力しなくてはなりません。

その反対に、意志が強い人は、ある意味では頑固《がんこ》で、人の意見を聴《き》かず、我流《がりゅう》で押《お》し通すようなところがあります。「意志が強い」ということは、長所であると同時に弱点をも含《ふく》んでいます。その弱点をカバーするためには、知性的な部分を補《おぎな》う必要があり、そうしなければ成長はできません。

このように、成功の要因《よういん》は、通常は長所の部分にあることが多いのですが、さらに成功を続けていくためのヒントは、自分の成功の要因であった長所と対極のところにあることが多いのです。

「長所の反対側《がわ》にあるもののなかに、あすの自分を導《みちび》く種がある」ということを、常《つね》に知っていなくてはいけません。

以前にも述《の》べたことがありますが、宗教《しゅうきょう》をやる人は、精神的《せいしんてき》な人が非常に多いという傾向《けいこう》があります。

もちろん、あの世には、心や考え、あるいは魂《たましい》といわれるものしかなく、物質に関係するものは何もないので、精神的であることは結構《けっこう》なことです。物質的なものは、あの世には持って還《かえ》れません。

しかし、この世で生きていく上では、逆に、あまりにも精神的すぎる人、あまりにも理想家肌《はだ》の人は、この世的なことに足をすくわれることが非常に多いのです。そういう人は、多少、この世的なことについての知識や見識《けんしき》を持ち、合理的思考ができるように、少し努力をすると、その効果《こうか》は非常に大きいものがあります。

反対に、理性的で、「合理的なもの以外は、まったく信じない」というような人は、おそらく、その部分がネックになって、他の人との衝突《しょうとつ》が、しょっちゅう起きているはずです。そういう人は、もう少し、神秘的《しんぴてき》なものなどに対する感性を磨《みが》いていく必要があります。いままで自分が受けつけなかった神秘的なものに対して、もう少し関心を持ち、心を開《ひら》いてみると、その違った面が見えてきて、他の人との関係も違ってくるでしょう。

人生の発展とは、ある意味で、自己拡大《じこかくだい》の旅なのです。

みなさんは、自分の何らかの長所によって道を開いてきたはずです。そして、自分の短所で苦労してきたはずです。しかし、自己を拡大していく旅においては、短所のなかに次の長所の種を見いだしていかなければ、もう一段の自己拡大、自己発展はありません。また、「長所のなかに、次の落《お》とし穴《あな》となるものがある」ということを知らなければ、もう一段、賢《かしこ》くなることは難《むずか》しいのです。

「常に考えを練《ね》っていくということ、考えるということに、どれだけ力があるか」ということは、それを実践《じっせん》した人でなければ分かりません。その日その日を何も考えずに済《す》ませることも可能《かのう》ですが、「考えを練りに練って、新しい考えを編《あ》み出していくということが、どれほどの力を持つか」ということは、実践すればするほど分かってきます。武道《ぶどう》などで、精進《しょうじん》すればするほど腕《うで》が立つようになるのと、まったく同じことが起きてくるのです。

3　人生は自己《じこ》発見の旅

人生の二つの目的とは

人生の目的というものを考えるならば、第一の目的は、やはり、「自己《じこ》発見の旅」ということであろうと思います。

「個性を持って生まれてくる」ということ自体が、「自分自身の人生を究《きわ》めなさい」ということを意味しているのです。「自己を探究《たんきゅう》し、『自分はなぜ、こういう個性を持って生まれてきたのか。自分は、いかなる人生を与《あた》えられたのか』、それを発見しなさい」ということです。この自己探究の旅、自己発見の旅は、誰《だれ》もが逃《のが》れることのできないものです。

人生のもう一つの目的は、他者とのかかわりです。「他の人々や社会とのかかわりにおいて、自分は、いかなる役割《やくわり》を果《は》たすことができるのか」ということです。「他者とのかかわりにおいて自己を知り、また、互《たが》いに影響《えいきょう》を与え合う存在《そんざい》として生きていくことの大切さを学ぶ」ということです。

これが人生の基本的《きほんてき》な二つの目的です。

他の人の存在がなく、自分一人だけでいても、自分自身を知ることは、なかなかできません。考え方や意見の違《ちが》う人、好《す》きな人や嫌《きら》いな人など、いろいろな人がたくさんいて初めて、自分自身というものが分かります。人間の違いを知ることによって、自分の考え方が偏《かたよ》っていないかどうか、平均的《へいきんてき》であるかどうかも分かるようになります。

他人は自分の思うようにならないものですが、いろいろな人がいるということは、自分自身を教えてくれるという意味で、ほんとうにありがたいことなのです。「こんな人が存在するのか。こんな考え方があるのか。こんな性格がありうるのか」と、非常に不思議《ふしぎ》に思うことがありますが、他の人から逆照射《ぎゃくしょうしゃ》して自分自身を知るためには、多様《たよう》な能力や個性を持った人がどうしても必要なのです。それで、人間は共同生活をしているわけです。他人がいなければ、自分自身のことがまったく分からないのです。

実は、これが、仏《ほとけ》や神といわれる存在が世界を創《つく》った理由でもあります。仏神《ぶっしん》は、相対的《そうたいてき》な世界を展開《てんかい》することによって、つまり互いに磨《みが》き合う世界を創ることによって、自己認識《にんしき》を深め、また、自己の可能性《かのうせい》を楽しんでいるのです。

仏《ほとけ》の眼《め》に映《うつ》る世界

さらに、宗教的《しゅうきょうてき》な境地《きょうち》を進めていくと、不思議なところが見えてきます。すなわち、「差別観《さべつかん》」（仏教的には「差別観《しゃべつかん》」という）と「平等観《びょうどうかん》」、この二つが非常に発達してくるのです。

修行《しゅぎょう》が進めば進むほど、「人間の違いや能力の違いというものは、これほどあるのか」ということが、はっきり分かってくるようになります。人間の能力の違い、生まれつきの違い、人間存在としての違い、仏性《ぶっしょう》の芽生《めば》え方の違い、こういうものに、それぞれの人によって、どれほど段階《だんかい》の差があるかということが、非常によく分かってくるようになるのです。これが差別観《さべつかん》です。

それと同時に、もう一つ、平等観というものがわいてきます。これだけ違う存在がたくさんありながら、それが不思議な観点《かんてん》から統合《とうごう》され、平等の存在であることが見えてきます。それぞれの人間が、これほど違うにもかかわらず、平等の生命価値《せいめいいかち》を持っていることが見えてくるのです。

また、「人間以外の生き物たち、動物や植物たちも、輝《かがや》く命《いのち》を持っていて、人間と同じように修行をしているのだ」ということが分かってきます。何とも言えない不思議さがあります。動植物の心が分かってくるのです。

彼《かれ》らも、みんな修行をしており、社会生活を営《いとな》んでいます。

動物たちも、家族をつくったり、食料を得《え》るために苦労したりしています。あるいは、困難《こんなん》なことをするものと、それを補助《ほじょ》するものとに役割《やくわり》を分けたりして、努力しています。

そういう、さまざまなことが分かってきて、生命の平等観が見えてくるのです。差別観と平等観という二つの矛盾《むじゅん》したものが、統合したかたちで見えてくるようになると、これが、いわゆる仏の眼《め》、「仏眼《ぶつげん》」といわれるものになってきます。

仏の眼には、その両方が見えているのです。

慈悲《じひ》のことを、「大悲《だいひ》」という言い方をすることもありますが、この大きな眼で眺《なが》めると、生きとし生けるもの、一切《いっさい》の衆生《しゅじょう》の、苦しんでいる姿《すがた》、苦労している姿、そして、苦しみながらも、けなげに生きている姿が見えてきます。小さな生き物から、高度に発達した人間まで、それぞれ苦しみや悲しみを背負《せお》いながら、共《とも》に、この地球で光り輝いている姿が見えてくるのです。

その姿は、とても悲しいものであると同時に、とても温《あたた》かいものに見えます。悲しみを背負っているように見えながら、同時に、とても希望に満ちた、明るいもののように見えます。

このような矛盾した二つの視点《してん》を持てるようにならなければ、実は、悟《さと》りの世界に入っているとは言えないのです。

この悟りの世界に入るまでの過程《かてい》で、差別観と平等観のどちらかを非常に強く磨《みが》くことがありますが、それを磨きつつ、また超《こ》えていかなければならないところがあります。

矛盾したものを統合するという立体的な営みのなかに、実は悟りへの階梯《かいてい》があり、そこに、「この世が、この世だけで完結せず、実在界《じつざいかい》とつながっている」ということの理由があるのです。

4　自己認識《じこにんしき》の変化こそ魂《たましい》の成功

限界突破《げんかいとっぱ》のとき

人生には悩《なや》みや苦しみはたくさんあるでしょうが、それは実際、とてもありがたいことだと思っていただきたいのです。そのありがたさをしみじみと分かる必要があります。

悩みがないということは、また、発展性《はってんせい》もないことを意味します。みなさんが持っている悩みのなかには、解決がつかないものも、おそらくあるでしょうが、実は、そのなかに無限《むげん》の発展の可能性《かのうせい》が宿されているのです。

失敗の多い人生を悔《く》やむ必要はありません。失敗のなかには、次の創造《そうぞう》の芽《め》、発展の芽が、必ず隠《かく》されているものです。

この自己認識《じこにんしき》の変容《へんよう》、拡大《かくだい》、発展こそが、実は魂《たましい》の成長なのです。この自己認識の変化こそが、実は魂としての成功であり、それを得るために、肉体を持って、この世に生まれ、赤《あか》ん坊《ぼう》から何十年もかけて大きくなり、年を取って死んでいくのです。

「自己認識の変容こそが、実は悟りの正体である」ということを知らなくてはいけません。

私自身も、自己認識の変容をずいぶん経験しました。

私は一九八五年から霊言集《れいげんしゅう》を出しはじめましたが、『日蓮《にちれん》の霊言』『空海《くうかい》の霊言』『キリストの霊言』〔現在、『大川隆法霊言全集』〈宗教法人幸福の科学刊〉の第1巻～第6巻として刊行〕と、三冊《さつ》ぐらいを出したあたりで、「もう充分《じゅうぶん》かな」という感じがしたのを覚《おぼ》えています。「もう充分な仕事をして、使命《しめい》は果《は》たしたのではないか」という感じを受けたのです。

「これだけの真理を伝えたのだから、今世《こんぜ》、自分が生まれた意味は充分にあるだろう。いま死んだとしても、仕事としては、だいたいできたのではないか。もうこれでよいだろう。霊界《れいかい》の存在《そんざい》も、あの世の霊人《れいじん》の存在も教えたし、イエス・キリストの霊言も出た。これ以上やると大変なことになる」と思い、自分では充分に満足していたのです。

当時は、その後《ご》もこれほど営々《えいえい》と働くことになるとは予想していませんでした。

しかし、それで終わりにはならず、「終わった」と思ったら、さらに次から次へと仕事が出てきて、終わらないのです。

自分では「もう限界《げんかい》だ」と思っても、その限界の次が出てきます。不思議《ふしぎ》なことに、自分の限界を認識すると、その限界が突破《とっぱ》できるのです。まことに不思議なのですが、「自分の能力としては、このあたりが限界で、これ以上は、もうできない。失敗もずいぶんしたし、これ以上は無理だ」と思ったあとに、だいたい限界突破をするのです。

そこまで行かなければ限界は突破できないということなのでしょうが、苦しみはじめて、最後に、「何かもっとほかに方法がないか。考え方がないか」と、ウンウン言って考えていると、出てくるのです。

私は、霊言集三冊で「もう終わりかな」と思っていたぐらいなので、いまでも、毎年《まいとし》毎年、「もうこれで、だいたい終わりかな」と思っています。ところが、「説《と》くべきことは、もうないな」と思っても、不思議なもので、また次が出てくるのです。

なぜそうなるのかというと、昔《むかし》といまでは受け手のリアクション（反応）が違《ちが》い、私の発した法を受けた人からの、目に見えない反応がたくさんあり、この反応によって私自身が変化しているからだと思います。

私は三十歳《さい》ぐらいのころ、体力も知力も充分な感じで、「自分は体も強く、頭の回転も非常に速く、何でも知っていて、何でも答えられる」というような感じがしていました。

それが、少し年を取ってくると、不思議なことに、知らないことのほうが多いように感じはじめ、「あれも知らない。これも知らない。これも自信がない」ということが、だんだん増《ふ》えてきたのです。

なぜそうなったのかというと、私が対象《たいしょう》にする人の層《そう》が、しだいに変わってきたからです。

幸福の科学を始めたばかりのころは、霊的《れいてき》なものに惹《ひ》かれて興味本位《きょうみほんい》で集まってきた少数の人が中心だったので、そういう人たちに満足してもらえれば、それで充分でした。集まってきている人たちのニーズも、その程度《ていど》であり、それ以上を求めていたわけではなかったのです。

ところが、ある程度、社会的に認《みと》められてきて、層が広がってくると、いろいろな人が来るようになり、外国の人も来るようになりました。いろいろな人が本を読み、法話《ほうわ》を聴《き》くようになって、対象が広がってきたのです。

そのため、自分に跳《は》ね返ってくるものを考えると、だんだん、「知らないことが多い」という感じがしてきたわけです。「こんな人もいる。あんな人もいる。新《あら》たに、こんな人まで当会で勉強しているらしい」と思うと、自分の知らないことのほうが、だんだん強く感じられてきて、「これは困《こま》ったな」と不安になってきたのです。

そのように、初めは、「知識も充分、悟《さと》りも充分、気力も体力も充分である」と思っていたのが、年を追うにつれて、だんだん不充分に感じられてきて、自信がなくなってきたのです。

そして、「もうこれで終わりかな」と思うと、そのときに、さらにもう一段《いちだん》の発展《はってん》をすることが多かったわけです。まことに不思議です。

自分が成長するときに欠点が見える

これは、自分だけでは分かりにくいのですが、ほかのものとの対照《たいしょう》で考えると、実によく分かります。

本章の1節で、「子供《こども》のときには、大人が立派《りっぱ》に見えたほうがよい。大人に欠点や弱点があっても、それは小さく見て、立派なところだけを見ていくと、成長が速い」ということを述《の》べましたが、宗教団体《しゅうきょう》においてもそうなのです。

幸福の科学を始めたころは、ほかの先発《せんぱつ》する宗教団体が、みんな立派に見え、「あんなによい仕事をしている」「本もこんなにたくさん出ているし、信者も多いらしいし、世間的《せけんてき》にもこれほど認められて、立派なものだ。早く、このようになりたいものだな」などと思っていました。

ところが、活動を続けていくと、あるときに、その幾《いく》つかの教団《きょうだん》の弱点や欠点が見えてくるようになりました。「教義的《きょうぎてき》に、このあたりに少し弱点があるな」「運営の仕方のこういうところに欠点があるな」「ここの教祖《きょうそ》は、このあたりが少し経験不足で分からないようだ。この辺は知らないらしい」というようなことが分かってきて、それが気になってきはじめたのです。

実は、そのころが、ちょうど、その教団を追い抜《ぬ》いていくときだったのです。

そして、その先発していた教団を、当会がはるかに抜き去ってしまうと、その教団の考え方や教義から、行動パターン、弱点、「ほんとうは、どのようにすべきなのか」ということまで、すべてが手に取るように分かってきました。

その教団がはるかに遠い目標《もくひょう》だったときには、そこの持っている欠点は全然見えず、素晴《すば》らしくしか見えなかったのですが、ちょうど追い抜いていくころになって、欠点がよく見えるようになったのです。

そのように欠点がよく見えはじめると、何か、自分の人柄《ひとがら》が悪くなったように感じることもあるのですが、認識力《にんしきりょく》が高まってくると、相手の間違《まちが》っているところや限界がよく見えてくるのです。

そういうことを、これまで何度もくり返してきました。

特《とく》に意図《いと》していたわけではないのですが、私が幾つかの宗教教団について批判《ひはん》的《てき》なことを述べたときは、だいたい、その教団を追い抜いていくときであったことが多いのです。そういう批判は、別《べつ》に悪口で言っていたわけではなく、教義や運営上の欠点が見えてくるので、どうしても言ってしまうようなところがありました。

こちらが完全に抜き去ってしまうと、気にならなくなり、その後《ご》は何も言わなくなったのです。

こういうことは、個人において、自分自身に対してもあることです。自分の欠点や弱点、失敗等《とう》がよく分かるときは、いまの自分を脱《ぬ》ぎ捨《す》てようとしているときなのです。

殻《から》を脱ごうとしているときでなければ、自分の欠点や弱点が、なかなか分かりません。現在の自分で満足している人は、それについて、あまり分からないものなのです。あるいは、自分の欠点や弱点が分かっていたとしても、それを何とか隠《かく》したいと思っているものなのです。「欠点や弱点が人から見えないように、オブラートをかけて隠し、何とか、分からないようにして済《す》ませられないかな。長所のほうで、何とか、ごまかせないかな」と考えるのです。

したがって、自分の欠点や弱点がはっきりと見えてきはじめたならば、それは、自分が、もう一段、成長するときなのだということです。

「自分は失敗をしていない」と思っている人は、ほんとうは、いろいろ失敗をしているのですが、それが分からないだけなのです。

さらに、もっと目が鋭《するど》くなってくると、「失敗する前に、それが分かる」ということを、数多く経験するようになります。

5　運命を逆転《ぎゃくてん》させるには

「魂《たましい》の傾向性《けいこうせい》」をつかめば運命の先が見える

ここで、運命というものについて考えてみたいと思います。

私は、長年、宗教家《しゅうきょうか》として経験を積《つ》んできた者として、「人生に運命があるかどうか」と訊《き》かれたら、「あるでしょう」と答えます。

ただ、その「あるでしょう」という答えは、「決まった筋書《すじが》きがある」という意味ではありません。「人には、それぞれの魂《たましい》の傾向性《けいこうせい》というものがあるので、その傾向性を見れば、その人の人生は、だいたい予想がつく」ということです。

その意味において、やはり、「運命はある」と言わざるをえないのです。

その人の魂の傾向性を見れば、「この人は、今後、どういうことで成功し、どういうことで失敗するか」ということは、ある程度、予想がつきます。五年後、十年後、二十年後、あるいは晩年《ばんねん》に起きることであっても、魂の傾向性を見れば、「たぶん、こうなるだろう」という予想がつくのです。そういう意味で、運命はあります。

しかし、その運命を超《こ》える方法もあります。すなわち、研究心を持って、自分を観察し、他人を観察し、その魂の癖《くせ》や傾向性、長所・短所を緻密《ちみつ》に分析《ぶんせき》しながら、「自分を変えていこう。いまの自分を脱《ぬ》ぎ捨《す》てていこう」と思っている人は、運命が変わっていくのです。

自分の運命が、もし、呪《のろ》われた運命であり、悪《あ》しき運命、避《さ》けたい運命であるならば、そこから逃《のが》れる方法は一つです。それは、自分の魂の傾向性をはっきりとつかむことです。それをつかめば、運命の先が見えます。先が見えれば、どうしたらよいかが分かります。「この先、自分はこのようになる」ということが分かるので、それを避けていけばよいのです。

そのように、危《あぶ》ないところは避けていき、さらに、自分が持っていない能力を開発することです。自分の欠点のなかから長所を開発し、長所のなかから次の失敗の種《たね》を発見することです。それによって、長く続く成功をつくり出していく必要があります。

運命はあるけれども、それを発見し、改善《かいぜん》することも、また可能《かのう》なのです。

過《す》ぎた欲望《よくぼう》が身を滅《ほろ》ぼす

ただ、それでも、どうしても変えられない運命というものもあります。そういう運命に対しては、やはり、諦《あきら》めることを勧《すす》めたいと思います。

人生の苦しみの半分は、分不相応《ぶんふそうおう》な欲望《よくぼう》によるものです。欲望のなかには、成長欲という、なければ困《こま》るものもありますが、その半分は分不相応な部分がありま す。

したがって、「運命を知る」ということは、「天分《てんぶん》を知る」ということでもあるし、「自分の分限《ぶんげん》を知る」ということでもあるのです。

自分の能力や性格、体力などについて、その限界を知って生きている人を崩《くず》すことは、悪魔《あくま》にとっても、なかなか難《むずか》しいのです。自分の限度《げんど》を知っている人、分限を知っている人を罠《わな》に陥《おとし》れるのは非常に難しいことです。

しかし、分限を知らない人を落《お》とし穴《あな》に入れるのは簡単《かんたん》です。前方《ぜんぽう》に穴を掘《ほ》っておくだけでよいのです。悪魔も、努力が要《い》らないし、知力も要りません。何メートルか先にシャベルで穴を掘っておけば、真っすぐに進んでいって落ちてくれるので、簡単なのです。あまりにも単純《たんじゅん》に「自分の能力は無限界《むげんかい》だ」と思っている人は、そのようになります。

人間は、可能性としては無限です。ただ、魂に傾向性があるために限界が出るのです。

その限界を突破《とっぱ》するためには、前述《ぜんじゅつ》したとおり、自分の長所と短所、それから他人の長所と短所を見て、自《じ》と他《た》を常《つね》に引き比《くら》べながら人生の研究をしていくことが必要なのですが、それでも超えられないものに関しては、欲望のコントロールの問題だと思わなければいけません。「分不相応な成功は身を滅《ほろ》ぼすことになる」ということを知っている人は、失敗しないのです。

過《す》ぎた欲望のことを「執着《しゅうちゃく》」といいますが、この執着を捨《す》てることによって、幸福になれるのです。これは、万人《ばんにん》にとって可能な、幸福への道です。自分の欲望のうち、だいたい半分ぐらいは、過ぎた欲望だと思ったほうがよいでしょう。

本章の2節で、「大部分の政治家にとっては、総理大臣にならないほうが幸福であり、総理大臣になったら不幸になる」ということを述《の》べましたが、一般《いっぱん》の人でも、同じようなことはあります。「こうなりたい」と思って、なれなかったとしても、なれないことで幸福な場合もあるのです。

たとえば、理想的な主婦《しゅふ》になれないことによって、職業婦人《ふじん》として幸福になれる場合もあります。子供の出来《でき》がよくないことを不幸の種にする親もいますが、子供の出来がよすぎたために、親子で話が通じなくなり、不幸になる家庭もたくさんあります。

このように、「限界がないと同時に限界があり、限界があると同時に限界がない」ということがあるのです。

他人の目で自分を見る

以前、私がまだ、あまり顔も知られていなくて、自由に外を歩けたころ、次のようなことがありました。

外出した帰りに、近所の八百屋《やおや》さんの前を通りかかったとき、その店のご主人と奥《おく》さんが夫婦《ふうふ》で出てきて、私に挨拶《あいさつ》をしたのです。非常に愛想《あいそ》がよく、商売が繁盛《はんじょう》しているような雰囲気《ふんいき》でした。

その店の軒先《のきさき》を見ると、ある宗教のモットーを書いたものが貼《は》ってあったので、その宗教を信じている一家だったのでしょう。

道の真ん中まで出てきて挨拶してくれるので、「ずいぶん愛想がいいな」と思いましたが、値段《ねだん》を見ると高いので、何も買いませんでした。

その八百屋さんは、夫婦で、仲《なか》よく、愛想よく、やっているのです。それは、たぶん、その宗教の教えどおりにやっているのだと思います。腰《こし》が低く、笑顔《えがお》をつくって、「毎度《まいど》、毎度」と言うのです。そのように愛想はいいけれども値段が高いので、そこではあまり買わなかったわけです。

この辺に、その宗教の教えの限界が見えるような気がするのです。

その宗教では、たぶん、「客商売で繁栄《はんえい》するためには、にこやかな笑顔をつくり、腰を低くしなさい。そういう精神を忘《わす》れないことが大事である」というようなことを教えているのでしょう。

しかし、人間は合理的に判断《はんだん》する存在《そんざい》でもあり、一回や二回は騙《だま》されても、永遠に騙されつづけるということはありません。「もう何百メートルか足を延《の》ばせば、安くて、よい品が揃《そろ》っている店がある」というときに、愛想よく挨拶をしてくれるからといって、わざわざ、そこで買いつづける人はいないのです。たまには愛敬《あいきょう》で買うこともあるでしょうが、ずっとは買いません。

その八百屋さんは、おそらく、いまだに同じような規模《きぼ》でやっていることだろうと思います。規模が大きくならないのは、合理思想がもう一つ足《た》りないからなのです。

そのように、限界というものは、ほんとうは自分が原因をつくり出してはいるのですが、その限界を画《かく》するものは、実は他《た》の人々の客観的《きゃっかんてき》な評価《ひょうか》なのです。この世的には競争《きょうそう》の結果かもしれませんが、人々の客観的な評価によって、超《こ》えられない部分が出てきているのです。

したがって、「一生懸命《いっしょうけんめい》に努力しているのに、道が開《ひら》けない」と思うときには、客観的な目も持ってみる必要があります。

もっとも、「あまり発展《はってん》しないほうがよい」というのであれば、それも一つの見識《けんしき》です。「親子代々、ずっと同じ規模で、夫婦で八百屋を営《いとな》んでいくことが幸福だ」というなら、それはそれで幸福な人生でしょう。あるいは、「商売の規模については現状《げんじょう》で満足し、宗教活動など、商売以外のところに生きがいを持つ」ということも、それはそれで立派《りっぱ》な人生でしょう。

しかし、「もう少し規模を大きくして、スーパーマーケットにしたい」という人にとっては、それでは物足《ものた》りないでしょう。

何を選《えら》ぶかは各人の問題ですが、「一生懸命に努力しているのに、道が開けない」と思うときには、お客さんの立場、外《そと》の人の立場で考えてみることが大事なのです。

常《つね》に考えつづける

それは仏法真理《ぶっぽうしんり》の伝道においても同じです。

幸福の科学で伝道活動をしている人のなかには、なかなか伝道が成功せず、「こんなによい教えなのに、どうしてなのだろう」と思う人もいることでしょう。

しかし、相手の人は、本音《ほんね》では、「もっと立派な人から勧《すす》められたら入るけれども、この程度《ていど》の人から勧められても入らない」と思っていて、それで、「いまは充分《じゅうぶん》に幸福なので結構《けっこう》です」と断《ことわ》っている場合もあるのです。

「こんなによい教えがあるのに、どうして信じないのだろう」と、伝道で壁《かべ》にぶつかったときには、立場を変えて考えてみれば、そういう場合があるはずです。

また、私の本は非常に大勢《おおぜい》の人が読んでくれていますが、まだ読んでいない人もいます。そういう人たちのなかには、「ほかの宗教で間《ま》に合っている」という人もいれば、「宗教の本を読まなくても充分に幸福である」という人、あるいは、「宗教などを信じたら不幸になる」と思っている人もいるかもしれません。

そのなかには偏見《へんけん》もあるでしょうが、「では、そういう人たちにとっての導《みちび》きは、いかにあるべきか」ということを考えなければいけないのです。

宗教的真理としては、霊的《れいてき》存在もあり、あの世もあり、仏《ほとけ》も神もあります。しかし、それを信じられないという人、信じないという人が、世界には何億人も存在しています。こういう世界を変えていくには、巨大《きょだい》なエネルギーが必要であり、そう簡単《かんたん》にはいきません。粘《ねば》り強《づよ》く、かつ幅広《はばひろ》い活動が必要です。

限界突破をしていくためには、やはり、反対側《がわ》からの目、相手側からの目も意識しなくてはいけません。

そして、限界を突破《とっぱ》できないときには、それなりに意味があることもあるので、「これをどのようにしていけばよいか」と常《つね》に考えることが大切です。考えつづけるなかに、自分が成長していくための、次なるステップがあります。

幸福の科学は、まだまだ成長していく宗教であると思います。私自身も成長すると同時に、教団《きょうだん》のなかで学び、活動している人たちもまた、成長していく過程《かてい》にあると思います。

そういう、無限に成長していく遺伝子《いでんし》を遺《のこ》していきたいと私は考えています。

本章をヒントにして、自分自身の魂《たましい》の成長というものに関心を持っていただければ幸《さいわ》いです。

第2章

ワン・ポイント・アップの仕事術《しごとじゅつ》

――仕事ができる人になる四つの視点《してん》

1　天命《てんめい》に生きる

仕事に生きがいを持っているか

みなさんのなかには、「仕事がよくできるようになりたい」と願《ねが》っている人が数多くいることでしょう。しかし、なかなか思ったようにならず、苦労しているのではないでしょうか。

そこで、本章では、新入社員から社長まで、男女を問わず、「少しでも仕事ができるようになりたい」と願う人を対象《たいしょう》に、「ワン・ポイント・アップの仕事術《しごとじゅつ》」という題で話をしていきたいと思います。

仕事ができるようになる人とならない人を、リトマス試験紙《しけんし》で調べるように、簡単《かんたん》に見分ける指標《しひょう》があります。それは、「仕事に生きがいを持っているかどうか」ということです。仕事に生きがいを感じていない人が、仕事がよくできるようになることは、まれなのです。

なかには、生まれつき能力が高く、「この仕事は嫌《きら》いだが、やれば、よくできる」という人も、いないわけではありません。しかし、嫌いな仕事は長くは続かないものです。最初は、よい仕事ができても、何年か続けていくうちに、だんだん嫌《いや》になってきて、しだいに仕事の出来《でき》が悪くなり、まわりからの評価《ひょうか》も上がらなくなります。その結果、どこかで辞《や》めてしまうことになるのです。

したがって、「仕事に生きがいを持つ」ということは非常に大事です。「生きがい」というのは現代的《げんだいてき》な言い方ですが、時代がかった言い方をすれば、「天命《てんめい》に生きる」ということです。

職業《しょくぎょう》は一生を貫《つらぬ》くものです。学校で学ぶ年数は、三年や四年、あるいは六年程《てい》度《ど》ですが、仕事は何十年も続けるものです。現代では転職《てんしょく》も多くなり、幾《いく》つかの仕事を経験する人もいますが、何十回も転職をくり返すというような人は、よほど飽《あ》きっぽい性格の人であり、普通《ふつう》の人は、一生のあいだに一つの仕事か、せいぜい、二つ、三つの仕事というところが限度《げんど》だと思います。

そういう意味で、自分のなりわいというか、生計《せいけい》を立てる仕事は、非常に長く自分とかかわるものなので、その仕事が、自分の天命、持って生まれた運命、この世に生まれてくる前の人生計画から外《はず》れていると、非常に不幸です。それでは、今世《こんぜ》、生まれてきたかいが、あまりありません。しかし、なかには、本来の人生計画から外れた仕事をしている人もいるのです。

自分の心の内を静かに見つめてみて、生きがい、天命を感じる人、「こういう仕事をするために自分は生まれてきたのだ」という思いがふつふつとわいてくる人は、いまの仕事が合っているのです。こういう人は、成功する可能性《かのうせい》が非常に高いと言えます。

ところが、「いまの仕事を辞めたくてしかたがない」という人は、それを無理《むり》強《じ》いされても、大成《たいせい》することはないでしょう。「いまの仕事は自分に合わないが、ほかにやりたい仕事があり、それなら自分にぴったり合う」という人もいます。その場合は、自分のいる場所が違《ちが》っているのですから、仕事を替《か》えるべきです。

ただ、「仕事そのものが嫌いだ」という人の場合は、何をしても、成功する可能性はほとんどありません。そういう人も社会には一定の割合《わりあい》で存在《そんざい》しています。

要するに、仕事の能力を、ワン・ポイント、アップするためには、まず、仕事に生きがいを感じることが必要であり、その基《もとい》は、「自分の天命、持って生まれた運命が、その仕事によって生かされる」と深く感じることなのです。

「自分は、この仕事を通して世の中に奉仕《ほうし》し、世の中にお返しをしていくのだ。仕事を通して自己《じこ》実現をし、世のため人のために尽《つ》くしていくのだ」と思うことのできる人は、そういう思いを持つだけで、だんだん、仕事ができるようになっていきます。

しかし、そう思うことができず、いわゆる腰掛《こしか》け的《てき》な発想で勤《つと》めている人は、仕事ができるようにはなりません。「仕事ができるようになろうとは思わないけれども、毎年《まいとし》、給料だけは上がってほしい。仕事はできなくても給料だけは上がることが、いちばん幸福である」などと考えている人は、仕事ができるようになる見込《みこ》みはほとんどないと言ってよいでしょう。

「仕事に生きがいを感じる」ということは、「自分がこの世に生を享《う》けたことの意味を、職業を通して世の中に発揮《はっき》できる」ということです。「自分はこの仕事を通して世の中に貢献《こうけん》している」という気持ちが大事なのです。

それは「使命感《しめいかん》」と言ってもよいでしょう。仕事に使命感を持っている人と持っていない人には、非常に大きな違いがあります。

使命感を持たず、「『濡《ぬ》れ手《て》で粟《あわ》』のごとく、世の中をうまく渡《わた》っていこう」と思っているような人には、いくら説教《せっきょう》をしても通じません。そういう人には、「人生が終わるときに、自分で結果を判断《はんだん》してください」と言うしかないのです。

仕事に生きがいを感じ、その生きがいの奥《おく》にある、今世《こんぜ》、この世に命《いのち》を享けたことの意味を、職業を通して発見していこうとすることが大切なのです。

現在の環境《かんきょう》のなかで最善を尽《つ》くす

みなさんにとって、いま勤めている会社は、入社試験のときには必ずしも第一志望《しぼう》ではなく、行きたい会社がほかにあったかもしれません。幾《いく》つかの選択肢《せんたくし》のなかから、結果的に、第一志望ではなかった、現在の会社に決まったかもしれません。「第一志望にも第二志望にも落ちてしまい、この会社は第三志望だった」「この会社は第五志望だった」「希望していた会社には入《はい》れなかったが、この会社に、たまたま空《あ》きが生《しょう》じたので入れた」というような就職《しゅうしょく》の仕方もあろうかと思います。

しかし、世の中には、第一志望の会社に就職できる人など、それほどいないのです。

また、第一志望の会社に就職できた人が、そこへの就職をほんとうに一生の運命と考えていたかといえば、必ずしもそうではなく、「世間《せけん》の評判《ひょうばん》が高い」「会社の知名度《ちめいど》が高い」「給料が高いらしい」などの理由で第一志望に選《えら》んだ人も多いのです。

「その会社に入るために生まれてきた」というわけではなく、「学校の友達が、みな行きたがっている」「人気ランキングの上位である」などの理由で会社を選ぶ人にとっては、その仕事を一生の仕事にすべきかどうかは、あまり深刻《しんこく》な問題ではないかもしれません。

守護霊《しゅごれい》や指導霊《しどうれい》など、天上界《てんじょうかい》の高級霊《こうきゅうれい》たちには、そういう人を応援《おうえん》しなければいけない積極的《せっきょくてき》な理由がありません。「世間の評判だけで就職先の会社を選んでいるような人を、なぜ、それほど力を入れて応援しなければいけないのか」ということです。

現代では、多くの人がサラリーマンになりますが、第一志望であろうとなかろうと、結果的に自分が勤めることになった会社に対しては、「自分はこの会社に縁《えん》がある。自分はここに天命《てんめい》を得《え》たのだ」と思うことです。「自分はこの会社に縁があって入ったのだ。ここに天命があるのだ」と思って働いた人は、その会社で、めきめきと出世《しゅっせ》し、成功を収《おさ》め、自分の思うような仕事ができて、結果的に、天命そのものに生きているようになるのです。

ところが、「自分はこの会社に入るべきではなかった。何かの間違《まちが》いだった」と不平不満《ふへいふまん》を言いつづける人が、同僚《どうりょう》や部下、上司《じょうし》のなかにいたならば、その会社の人はどうなるでしょうか。

たとえば、新入社員が、入社した初日から、「こんな会社に入るべきではなかった」と言っていたならば、まわりの人は、みんな、「あなたがいると職場環境《しょくばかんきょう》が悪くなるから、早く辞《や》めなさい」と言うでしょう。

あるいは、やる気満々で入ってきた新入社員が、会社の先輩《せんぱい》から、「君、こんな会社に来るものではないよ。君は入る会社を間違えたのではないか」などと言われたならば、やる気をなくしてしまうでしょう。

不平不満を言う社員がいると、会社に悪い影響《えいきょう》を与《あた》えます。その人の立場が下のほうであってもそうですが、その人の立場が上になればなるほど、害悪《がいあく》は大きくなります。そういう人が部長あたりの立場にいると、その害悪たるや、そうとうなものです。

したがって、いつまでも世間の目や人の言葉などを気にするのではなく、「縁があった会社に自分の天命を発見しよう。自分が縁を得た会社で天命を発揮しよう」と思うことが大事なのです。

たとえ、その会社に天命がなくても、一生懸命《いっしょうけんめい》に努力した者には次の道が開《ひら》けます。努力しない者に次のドアが開くことはありません。

愛社精神《せいしん》が強く、「いま、自分はよい会社に勤めている。自分はよい仕事をしている」と常《つね》に思い、親やきょうだい、友人、その他《た》の知り合いに対しても、「自分が勤めている会社はよいところです」と常に言っている人は、結果的に出世します。ところが、会社の外で、会社の人は誰《だれ》も聞いていないと思って、いつも会社の悪口ばかり言っている人は、出世しないのです。

それは会社に限《かぎ》りません。たとえば、塾《じゅく》の教師《きょうし》が、塾のなかでは一生懸命に働いているふりをしながら、外へ食事に行ったときなどに、「うちの塾なんかで勉強しても、誰も入試《にゅうし》に受かりはしないよ」などと言っていたならば、自分の使命に反しています。そういう思いで働きながら、給料を貰《もら》ってはいけないのです。

「私は給料を貰うために、たまたま塾の教師をやっているだけだ。うちの塾なんかで勉強しても、誰も入試には受からないよ」などと言っているような人は、たとえ、その言葉が事実であっても、正しい職業観を持っているとは言えません。

「うちの生徒が合格するように、しっかり指導しよう」と思って働いてこそ、職業と言えるのです。

「どのような職場であっても、そこで最善を尽《つ》くして生きていくなかにこそ、天命は出てくるのだ」という考え方をしない人は、成功することはほとんどありません。

また、自分の職業や職場を悪く言う人は、「ほんとうにそうなのか。自分は仕事が嫌いなだけではないか。自分は怠《なま》け者《もの》なだけではないか」ということを考えてみる必要があります。

能力の高い人は、何をしても、ある程度はできるものです。「自分に最も合う仕事はこれだ」という、特別に相性《あいしょう》のよい仕事はあるでしょうが、何千種類もある職業のうち、「この仕事だけは非常によくできるが、あとは何もできない」ということはあまりなく、一つの仕事がよくできる人は、ほかの仕事をしても、よくできることが多いのです。

たとえば、「宝石店で売り場に立ち、指輪やネックレスを売る」という仕事で、よい成績をあげる人は、一定の専門《せんもん》知識を学びさえすれば、婦人服《ふじんふく》を売っても、自動車を売っても、よい成績をあげるものです。職業というものは、だいたい、そういうものなのです。

したがって、「自分に与えられた環境《かんきょう》のなかで最善を尽くし、天命を発揮しよう」と思うことが大事です。そう思っただけで、きのうまでとは違う自分となり、きょうから仕事ができるようになります。

そういう自覚を持つことが成功への道なのです。

2　自己鍛錬《じこたんれん》の方法

努力なしには実力は伸《の》びない

ワン・ポイント・アップの仕事術として、次に指摘《してき》しておきたいことは、もう少し具体的《ぐたいてき》な話になりますが、「自己鍛錬《じこたんれん》」ということです。仕事ができるようになるためには、自己鍛錬を欠《か》かしてはなりません。

たとえば、水泳でも、練習をしないで泳げるようになる人はいません。もちろん、水泳選手になれるほど、うまく泳げるようになるためには、生まれつきの運動神経や体格なども多少は影響《えいきょう》するでしょうし、オリンピックの水泳選手を目指《めざ》すのであれば、いくら練習しても、なれない人のほうが多いかもしれません。ただ、オリンピック選手であろうと、練習もせずに初めから泳げたわけではないのは間違いないことです。

また、泳ぐ練習といっても、畳《たたみ》の上で練習していたのではだめです。実際に水のなかで練習しなければ、泳げるようにはなりません。

これは英語などの外国語を学ぶ場合も同じです。どれほど頭のよい人であっても、勉強しなければ、外国語ができるようには絶対になりません。これは保証《ほしょう》できます。一方、勉強しさえすれば、人によってマスターする速度に差はあっても、できるようになるのです。

何であろうと、鍛錬をすれば、その人に許《ゆる》された能力の範囲内《はんいない》で、現在持っている以上の実力になります。

自分より能力の優《すぐ》れた人と自分とを比較《ひかく》して嘆《なげ》くのは個人の勝手ですが、その優れた人も、人知れず、どのような努力をしているかは分からないものです。

したがって、まず、自分自身との戦いなのです。

自己鍛錬をしても伸《の》びないものなど、まずありません。頭脳《ずのう》にかかわることであろうと、肉体にかかわることであろうと、心にかかわることであろうと、あるいは宗教的《しゅうきょうてき》な悟《さと》りにかかわることであろうと、自分自身との戦いにおいて、自己鍛錬によって発展《はってん》しないものなど、まずないのです。

「読む」——本や新聞から素材《そざい》を得《え》る

仕事全般《ぜんぱん》を念頭《ねんとう》に置《お》いて述《の》べると、最もオーソドックスな自己鍛錬の一つは「読む」ということです。読むことのなかでは、本を読むことがかなりの割合《わりあい》を占《し》めますが、新聞を読むことも含《ふく》まれます。

「読む」ということは、情報《じょうほう》を手に入れること、素材《そざい》を仕入れることです。

料理においても、まずは食材集めから始まります。いくら腕《うで》のよい料理人であっても、食材がなければ料理はつくれません。料理をつくる段階《だんかい》では、当然、料理人の腕のよし悪《あ》しによる違《ちが》いは出るでしょうが、食材がなければ、そもそも料理はつくれないのです。

仕事も同じです。仕事においては、自動車などの製品をつくったり、書類をつくったり、さまざまなことをしますが、これは、仕事というかたちで、毎日の〝料理〟をつくっているのと同じなのです。そのため、素材集めは非常に大事な仕事になるわけです。

この素材集めの一つが「読む」ということです。本や新聞を読んで、考える材料、あるいは仕事の材料を得《え》るのです。毎日、新しい仕事が発生《はっせい》するので、それにうまく対応《たいおう》するためには、新しい素材を常《つね》に集めていく必要があります。

読むことは仕事の基本《きほん》です。一般的《いっぱんてき》には、よく読んでいる人は仕事もよくできる場合が多く、読むことと仕事には、七、八割《わり》ぐらいの相関《そうかん》関係があります。本や新聞をよく読んでいる人たちの七、八割ぐらいは仕事がよくできるのです。素材集めを熱心にやっていると、頭の回転も速くなってくるため、仕事はよくできるようになるのが普通《ふつう》です。

しかし、残りの二、三割は、よく読んでいるのに仕事のできない人たちです。それは、一つには、人間関係がうまくいかないタイプの人です。独《ひと》りで部屋にこもって本を読むのは好《す》きなのですが、人との付き合いがあまりうまくないため、仕事もうまくいかないのです。ただ、そういう人でも、よく読む人であれば、それはそれなりに、個人として成功する道はほかにあります。

また、惰性《だせい》や習慣《しゅうかん》で、ただただ漫然《まんぜん》と読んでいるタイプの人も、仕事ができるようにはなりません。こういう人は、水道の水をザーッと流すようなかたちで本や新聞を読んでいるため、ポイントをつかむことができないのです。「たくさん読んでいるのに仕事ができない」という人は、ほとんどがこのタイプです。

このタイプの人は活字の世界に逃《に》げ込《こ》んでいるのです。常に何かをしていないと落ち着かないので本などを読んでいるのですが、実は、考えたり工夫《くふう》したりすることを拒否《きょひ》しているわけです。

新聞を大量に読んでも、その内容《ないよう》を仕事に使えなければ意味がありません。数多くの記事のなかから、「これは仕事に使えそうだ」というポイントをつかめる人は、仕事ができるようになりますが、読む量は多くても、漫然と読んで時間を潰《つぶ》しているだけの人は、だめなのです。

さらには、読んでいる素材そのものが悪い場合もあります。雑本《ざっぽん》など、くだらないものばかり読んでいる人です。こういう人は、ゴシップ話はできても、仕事ができるようにはなりません。

このように、よく読んでいるのに仕事ができない人には、人間関係がうまくいかない人、漫然と読んでいてポイントがつかめない人、読んでいるものの質《しつ》が悪い人がいます。

漫然と読んでいる人は、本などを読むときに、ポイントを押《お》さえる工夫をしたほうがよいのです。本を一冊《いっさつ》読み終えたときには、「この本で何が参考になったか」ということを考えてみる訓練《くんれん》が大事です。

著者《ちょしゃ》に本を〝読まされる〟のではなく、主体的に本を読むことが大切です。本の著者は、「こう言いたい」ということを、何百ページにもわたって、いろいろと書いていますが、読者は、著者とまったく同じことに関心を持っているわけではないので、「自分にとって役に立つ部分はどこか。自分にとって役に立つ情報はどれか。自分にとって役に立つものは何か」という目を忘《わす》れてはいけません。

「この本のなかで、何が自分にとって参考になるのか。何が自分の役に立つのか。何が自分に影響《えいきょう》するのか」ということを見る目を持っていれば、勉強もできるようになりますし、仕事もできるようになります。

ところが、本の内容を自分で咀嚼《そしゃく》する力がないと、本を〝読まされる〟という感じになり、「著者が説得力《せっとくりょく》を持って一生懸命《いっしょうけんめい》に語っており、自分のほうは、よく分からないうちに時間を潰《つぶ》している」ということになりかねないので、気をつけなければいけません。

具体的には、赤線を引きながら読むなどして、ポイントを押さえていく訓練をすることです。

「書く」——紙に書いて問題を整理する

「書く」ということも、現代においては大事な自己鍛錬の一つです。もっとも、長い文章を書くことを勧《すす》めているわけではありません。現代人は忙《いそが》しいので、長い文章を書く暇《ひま》は、あまりないでしょう。ここで言う「書く」とは、紙に書いて問題を整理することです。

現代では各種の情報が飛び交《か》っていますし、自分の頭のなかでも、いろいろなことを考えています。そのため、「いま何が問題なのか」「自分は何が言いたいのか」「自分はいま何を考えついたのか」「自分はいま何をしようとしているのか」というようなことが不明確《ふめいかく》で、先へ進まないことがあります。

そのように、判断《はんだん》がつかなくなったり、悩《なや》んだりして、混乱《こんらん》しているときには、心を落ち着け、鉛筆《えんぴつ》を持って、それらを紙に書き出してみることです。そうすると、非常に明確になることが多いのです。

単に「忙しい、忙しい」ということばかり言っている人は、「いま何が問題なのか」「自分はいったい何をしようとしているのか」「自分はいま何をしなければならないのか」「自分は上司に何を言いたいのか」というようなことを、とりあえず、紙に書き出してみることです。たくさん書く必要はなく、メモ程度《ていど》で充分《じゅうぶん》なので、とにかく、紙に書き出し、並《なら》べてみるのです。

頭が混乱しているときには、「いま問題になっていることは何か」ということを箇条書《かじょうが》きにしてみると、すっきりと整理され、「これをすればよいのだ」ということが分かってきます。するべきことが分かったら、あとは、それを一つひとつ順番に消し込んでいけば、それで済《す》むのです。

ところが、問題の整理がつかず、パニックになる人が多いのです。単純《たんじゅん》な人は、問題が二つか三つぐらい重《かさ》なると、パニックになってしまいます。

道が開《ひら》けずに困《こま》っているとき、参《まい》っているときには、メモ程度でかまわないので、一枚《まい》の紙に問題を書き出し、考えをまとめてみることです。書くことで、自分との対話が始まり、「自分にとって、いま何が問題なのか」ということが明確になります。こういうことによって、仕事がよくできるようになるのです。

朝、会社に出勤《しゅっきん》したら、まず、机《つくえ》に向かい、鉛筆を持って、メモ用紙などに、

「きょうは何をすべきか。きょうの自分の仕事は何か」ということを書き出してみてください。

「一番目はこれ、二番目はこれ、三番目はこれ」という三カ条でもよいでしょう。朝一番に、その日の仕事を三つでも書ければ大したものです。それだけでも、一日の時間効率《こうりつ》は非常によくなります。

ところが、漫然と出勤して、お茶を飲み、「きょうは何があるかな。そのうち、電話でも鳴らないかな」などと、何かが起きるのをぼんやりと待っているタイプの人は、仕事ができるようにはなりません。

したがって、朝、「きょうは何ができるか」ということをまず書き出してみることです。

そして、帰り際《ぎわ》、六時なり八時なりに仕事が終わった段階で、机の上に紙を一枚置き、その日に自分がした仕事を振《ふ》り返って、「自分はきょう、これとこれをした」というように、した仕事を書き出し、それがよくできたかどうかを考えてみてください。

さらに、「きょうはできなくて、あした以降《いこう》に持ち越《こ》した仕事は何か」ということを書き出し、「これは、あした以降の仕事だな」「これは来週の仕事だな」というように整理しておくと、次の日にする仕事がはっきりしてきます。

このように、「何をしたのか」「何をしなければならないのか」という点を明確化することが非常に大事です。

これをせずにボーッとしている人は、時間がいくらあっても足《た》りません。時間はただ過《す》ぎ去っていくだけになります。「きょうは、これだけのことをする」「きょうは、これだけのことをした」ということが明確になっている人は、一日の仕事効率が非常によくなるのです。

「聴《き》く」――耳を仕事の武器《ぶき》として使う

「読む」「書く」に続き、「聴《き》く」ということも大事です。

読むことと同じく、聴くことも、情報《じょうほう》を集めること、材料を仕入れることです。具体的には、ラジオを聴くことやテレビを観《み》ることがそうですし、そのほかに、ビデオテープやカセットテープ、ＣＤなどもあります。テレビやビデオは映像《えいぞう》を見るものですが、音声《おんせい》を聴くものでもあります。

聴くことも人間の持っている能力の一つであり、耳を通じて情報を集めること、材料を仕入れることも非常に大事です。他《た》の人の話を聴くことも大事なのです。

みなさんは、「耳も重要な武器《ぶき》である」と思わなくてはなりません。目だけでなく、耳も仕事の武器として使えるのです。

忙しいときには、目と耳を別々《べつべつ》に使って、テレビを観ながら本を読むことも可《か》能《のう》です。本を読みながらでも、耳で聴いていれば、テレビの内容は分かります。そういうこともできますし、耳には、それ以外の使い方も可能でしょう。

このように、耳も充分に使うことです。

「耳も仕事の武器として使えるのだ。耳を上手《じょうず》に使えば、仕事がよくできるようになるのだ」ということに気づいていない人が意外にたくさんいます。しかし、聴く能力も非常に大事であり、耳からも勉強ができるのです。学校の授業などにおいても、かなりの情報が耳から入ってきます。

耳から入る情報は、意外に、目から入る情報よりも定着率《ていちゃくりつ》が高く、目で読むよりも、他の人が話していることを耳で聴くほうが、けっこう記憶《きおく》に残りやすいのです。

現代はテレビ全盛《ぜんせい》の時代です。テレビを観るほうが、本や新聞を読むよりも楽なので、現代人はテレビを観ることが多くなっています。

しかし、知的効果《こうか》について、テレビと読書を比較《ひかく》すると、テレビの一時間は読書の十分程度にしかすぎないと思います。かなりよくできたテレビ番組であれば、情報量は多いこともありますが、たいていの番組は内容が希薄《きはく》であり、「平均的《へいきんてき》に見て、一時間のテレビ番組は、読書に換算《かんさん》すると、十分程度の知的効果しかない」と感じます。

テレビ番組は、比較的、簡単《かんたん》につくれるのです。出演者《しゅつえんしゃ》が話をしている姿《すがた》を映《うつ》せば、それだけでもテレビ番組ができます。ところが、本は、そういうかたちではつくれません。本をつくるには原稿《げんこう》を書く必要があります。資料《しりょう》を集め、苦労して原稿用紙の升目《ますめ》を埋《う》めていかなければなりません。また、校正《こうせい》もしなければなりません。そういう意味で、情報の質を比《くら》べると、一般的《いっぱんてき》に、「テレビの一時間は読書の十分程度でしかない」と言ってよいでしょう。

もっとも、読書では得られない知識がテレビから得られることもあります。たとえば、海外ものの番組などの場合がそうです。自分にとって専門外《せんもんがい》の分野や、自分が経験したことのない世界に関しては、テレビで観ると、よく分かることがあるのです。

自分とあまり関係のない分野の知識は、普通はなかなか入ってきませんし、そういう分野の本は、読む気も起きません。たとえば、「自分は歯科医である。歯のことは、よく知っている」という人が、一念発起《いちねんほっき》し、遠洋漁業の本を買ってきて一生懸命に読むなどということは、ほとんどありえない話でしょう。しかし、遠洋漁業の船団がアフリカの喜望峰《きぼうほう》を回ってマグロ漁《りょう》をしているところをテレビで観れば、「こうやって漁をしているのか」ということが分かります。

このように、テレビでは、自分とあまり関係のない分野の情報を簡単に得ることができます。自分が経験できないようなことについては、テレビ番組の情報価《か》値《ち》は、わりに高いのです。

ただ、一般的には、「テレビの一時間は読書の十分程度にしかならない」と心得《こころえ》ておいたほうがよいでしょう。別の言い方をすれば、「一日に六時間、テレビを観ても、一日に一時間、読書をすることと同じ程度の知力しか得られない」ということです。

いま、アメリカ人は一日に五時間から七時間ぐらい、テレビやビデオを観ているそうです。しかし、テレビを七時間観ても、情報量としては、あるいは知的な刺激《しげき》としては、一時間強の読書にしか相当しません。しかも、テレビを観すぎれば、目も疲《つか》れるし、頭も疲れるのです。

「考える」——考えを練《ね》り、仕事をグレードアップする

「考える」ということも大切な自己鍛錬の一つです。仕事をグレードアップするには、「考える」という作業《さぎょう》が大事です。

読んだり、書いたり、聴いたりしているときには、立場として、読んでいる自分、書いている自分、聴いている自分と、考えている自分とがあります。よい仕事をするには、考える力を鍛錬していかなければなりません。筋力《きんりょく》と同様に、考える力も、鍛《きた》えれば、どんどん強くなってきます。

考える力が弱い人は、何かについて考えようとしても、気が散《ち》って、五分と、もちません。なかには、一分と、もたない人や、十秒と、もたない人もいます。こういう人は、何か一つのことを考えようとしても、「きょうの晩御飯《ばんごはん》は何かな」などと、まったく関係のないことを考えはじめてしまい、考えがまとまらないのです。

こういう、「何かを考えようとしても、すぐに気が散ってしまう」という人は、まず、読んだり、書いたり、聴いたりする訓練をしなくてはなりません。そういう訓練をしているうちに、あまり気が散らないようになってくるのです。その上で、考える能力を身につけていく必要があります。

立場が高い人ほど、物事《ものごと》を深く、よく練《ね》り込んで、何重にも考えるようになるので、考える能力は高くなります。そういう人の仕事の付加価値《ふかかち》は高いのです。

上司《じょうし》から、「君、この件《けん》はどうなっているかね」と訊《き》かれた場合、普通の人は、「あしたまでに調べます」と言って、翌日《よくじつ》、「その件はこうです」と、返事を一つだけ持ってきます。しかし、そのとき、上司から、「では、このような場合はどうなるのか」と問われると、それについては答えを用意していないため、「あした、また返事をします」と言って、翌日、返事をします。ところが、そのときに、「さらに、このような場合は、どういう問題になるのか」と訊かれると、それについても考えていないため、「あした、もう一度、返事をします」と答えます。

こういうことをしていると、一つの仕事に何日もかかってしまいます。

したがって、一つの報告のなかで一つの結論《けつろん》を述べるにしても、それとは別に、三つ、ないし五つぐらいの考えを持っていなければならないのです。

Aという結論を出すにしても、「Bはどうだ。Cはどうだ。Dはどうだ。Eはどうだ」と考えを練った上で、「やはりAがよい」と思って、「Aです」と報告する必要があります。

そうすれば、質問を受けても、「それに関しては、Bも考えてみたのですが、その場合には、こういう難点《なんてん》があります。その難点を克服《こくふく》するには、Cという方法もあるのですが、Cでやった場合には、このようになります」と、その場で答えることができます。それで、上司は「なぜAという結論になるのか」ということが納得《なっとく》でき、その仕事はそこで終わります。

ところが、これをしない人は、一日で済《す》むものを三日に引き延《の》ばし、仕事を増《ふ》やしてしまい、毎日、「忙しい、忙しい」と言うことになるのです。

このように、結論は一つであっても、ほかにも幾《いく》つかの考えを用意しておく必要があります。

会社の仕事のなかで、このような能力が特《とく》に強く要求されるのは、秘書的《ひしょてき》な部門と企画的《きかくてき》な部門です。これらの部門では、そういう面における非常に高い能力が必要とされます。

たとえば、社長秘書には「社長のスケジュールを管理する」という仕事がありますが、突然《とつぜん》の来客があったり、電話が入ったりと、毎日、思わぬ用件《ようけん》がたくさん入ってきます。そのように、何が起こるか分からないため、とりあえずアウトライン（大要）はつくってあっても、一週間前に立てたスケジュールなどは通用するはずがないのです。

ところが、「事前《じぜん》に決めたこと以外は、してもらっては困《こま》ります」などと言う秘書がいると、社長は大変なことになります。最大の取引先の社長が訪《たず》ねてきたのに、「きのう決めたスケジュールどおりにしてください」と秘書に言われ、面会できなければ、実際には、仕事の生産性は、がた落ちになります。すでに決めたスケジュールがあっても、より優先度《ゆうせんど》の高い用件が入ったときには即座《そくざ》にスケジュールを組み替《か》える能力が、秘書には必要なのです。

　そのときにパニックを起こさないためには、スケジュールをつくる段階で、「二番目はこれ、三番目はこれ、四番目はこれ」と、幾つかの案を練っておかなくてはいけません。秘書的な部門では、こういうことが要求されます。

　また、営業企画、製品企画などの企画部門でも、そういう能力が必要です。企画というものは、出しても出しても潰《つぶ》れることが多いので、「自信作を一つだけ出したが、それが不採用《ふさいよう》になったため、その後《ご》、何も仕事がない」ということにならないように、幾つもの案を用意しておかなければいけません。

　これが〝アヒルの水かき〟の部分です。アヒルは水の上をすいすいと泳いでいるように見えますが、水面下では一生懸命に足を動かしています。この水かきの部分が必要であり、この努力を惜《お》しまない人は、やはり仕事がよくできます。

そういうことをいつもしている人は、何を訊《き》かれても瞬時《しゅんじ》に答えることができ、考え方を変えることもできます。

そのような対応《たいおう》のできない人は、一般的に、考えを練っていないのです。そのため、その場であわてて考えなくてはならなくなって、対応ができないわけです。

3　企画力《きかくりょく》の大切さ

現代は「企画力の時代」

ワン・ポイント・アップの仕事術として、三番目に「企画力《きかくりょく》の大切さ」ということを述《の》べておきたいと思います。

日常の決まりきった仕事のことを「ルーティンワーク」といいます。それをこなしていく能力は、わりに平均的《へいきんてき》なものです。たとえば、工場で、ベルトコンベヤーを流れてくる機械に、順番に部品を取り付けていく仕事などがそうです。

このような仕事においては、作業《さぎょう》をしている人は、ほかの人と交替《こうたい》することが可能《かのう》です。そういう、ほかの人でもできるような仕事は、生み出す価値《かち》、付加《ふか》価値がそれほど高くはありません。付加価値の高い仕事は、ほかの人でもって代替《だいたい》することが難《むずか》しい仕事です。

付加価値の高い仕事の一つに企画系統《けいとう》の仕事があります。企画とは、何もないところから新しいものをつくっていくことであり、「無《む》」から「有《ゆう》」を生《しょう》じるようなものです。

たとえば、アフリカの草原を見て、「野生の動物が走っているな」としか思えない人はそれまでですが、同じ草原を見て、「ここに井戸《いど》を掘《ほ》れば水が出るだろう。そうすれば家畜《かちく》を飼《か》うことができる。さらに、工場を建てて製品をつくり、それを外国に売って貿易《ぼうえき》をすれば、国興《くにおこ》しができる」と考える人もいます。

このように、企画力は非常に大きな付加価値を生むのです。

ただ、まったくのゼロからつくり出すわけではありません。材料はすでにあるのです。その材料を、そのまま使うのではなく、発想を変え、異質《いしつ》なものを組み合わせて、まったく新しいものをつくり出すのです。そこに企画力がわき、ユニークなものが生まれます。「発想を変える」ということは非常に大事なことです。

たとえば、「外を歩きやすくするために、全世界をアスファルトで舗装《ほそう》する」という考え方もあるでしょう。しかし、世界中に道路を敷《し》き詰《つ》めるのは大変な仕事であり、材料もたくさん必要なので、そう簡単《かんたん》にはできません。そこで、発想を変え、「道路をつくる代わりに靴《くつ》をつくろう。そうすれば、どんなでこぼこ道でも楽に歩ける」と考えるわけです。

このような発想の転換《てんかん》もあります。「道をよくしなければいけない」と考えるのではなく、「足を護《まも》ればよい」と考えるのです。

靴を発明したのは、そういう発想をした人かもしれません。「靴を履《は》けば、簡単に、砂利道《じゃりみち》でも砂浜《すなはま》でも泥道《どろみち》でも歩くことができる」という発想をした人がいたのでしょう。ところが、そういう発想をする人がいなかった地域《ちいき》では、いまだに裸足《はだし》で生活している人がたくさんいたりするわけです。

このように、発想を転換することによって、新しいものが生まれてくるのです。そういう企画力が大事です。

企画力のある人というのは、生まれつきの面もありますが、たいていは、情報《じょうほう》のインプット量が多いために、話題やアイデアが豊富《ほうふ》なのです。

読むことや聴《き》くことの大切さをすでに述べましたが、自分のなかに入《い》れる情報量が少ない人で、企画力が豊《ゆた》かな人はあまりいません。企画力の豊かな人は、情報をよく入れていません。よく入れなければ、出ないのです。情報収集《しゅうしゅう》が好きで、よく情報を集めている人は、企画がよく出ます。企画というものは、情報が何もないところにポンと生まれるものではありません。常々《つねづね》、アンテナを張《は》り、情報を集めているからこそ、アイデアが出てくるのです。

現代は「企画力の時代」に入っています。いまのような情報産業の時代、知識の時代においては、単純《たんじゅん》に物をつくるだけではだめで、企画が大切です。「何をどうすれば、どうなっていくか」ということを考えて、アイデアを出し、つくっていく時代に入ったのです。

簡単《かんたん》に論文《ろんぶん》が書ける「ＫＪ法」

企画のためには情報収集が大事であることを述べましたが、単に情報を集めるだけでは、新しい商品をつくったり、新しい事業を起こしたりすることはできません。

そこで、企画力をつける方法を幾《いく》つか述べてみたいと思います。

まず、有名なものとして、「KJ法」というものがあります。KJとは、この方法を発明した川喜田二郎《かわきたじろう》氏の頭文字《かしらもじ》を取ったものです。この人は野外観察をよく行《おこな》っていたのですが、そういうフィールドワーク（実地調査）によって、さまざまなデータを集めたあと、最後にそれを論文《ろんぶん》にまとめるための方法として、KJ法を開発したのです。

このKJ法は、現在、論文執筆《しっぴつ》などによく使われています。

大学の卒業論文などで、締《し》め切《き》りがあるのに、なかなか書けず、苦労している人はたくさんいます。「天から啓示《けいじ》が降《ふ》ってきて、百枚《まい》、二百枚と書けないものだろうか」などと思っても、まったく構想《こうそう》が浮《う》かんでこないわけです。あるいは、作家が小説を書こうとしても、なかなか書けないこともあります。そういうときでも、ＫＪ法を使えば、誰《だれ》でも簡単に論文などが書けると言われています。

このＫＪ法のやり方を具体的《ぐたいてき》に説明しましょう。

みなさんは、日常生活のなかで、さまざまなことをしているうちに、ときどき、ぱっと何かを思いつくことがあるでしょう。それは突然《とつぜん》に思い浮かぶものであり、いつ出てくるかは分かりません。考えているときには、なかなか発想がわいてこないのに、ビデオを観《み》ているときやコーヒーを飲んでいるとき、歩いているときなど、思いもしないときに次々と発想がわいてくることがあります。また、本を読んでいるときに、「これは使える」と思う記述《きじゅつ》に出会うこともあります。

そういうときのために、いつもメモ用紙などを用意しておくのです。正式なＫＪ法では独特《どくとく》のラベルなどを使うのですが、そういうものを使わなくてもＫＪ法は可能です。

たとえば、少し大きめの付箋《ふせん》をあちこちに置《お》いておき、何か思いついたときに、それを付箋に一行《ぎょう》ぐらいで書き、貼《は》っておくのです。そして、次に何か思いついたら、それをまた付箋に一行で書いて貼ります。このようにして、思いついたことを次々と付箋に書いて、貼っていくのです。

そういう付箋が、ある程度《ていど》たまった段階《だんかい》で、それを並《なら》べ替《か》えると、一定の流れ、筋道《すじみち》ができてきます。

この方法を使うと、比較的《ひかくてき》簡単に報告書や論文などを書くことができるのです。論文などは、普通《ふつう》、いきなりは、なかなか書けません。そこで、まず、資料を集め、本を何冊《なんさつ》か、あるいは何十冊か読みます。そして、本を読みながらカードに抜《ぬ》き書《が》きをしたりします。そういうカードをたくさん集めて、そのカードを並べ、関連のあるもの同士をグループにまとめていくと、幾つかの固《かた》まりができます。その固まりに、一章、二章、三章と順番を付け、章立《しょうだ》てをすると、本一冊分ぐらいの論文が見事にでき上がります。

「天啓《てんけい》のように、最初から最後までの構想が思い浮かぶ」ということがなくても、このようにすれば論文が書けるわけです。

この「ワン・ポイント・アップの仕事術」という法話《ほうわ》も、実は一種のＫＪ法でできており、「一　生きがい、天命《てんめい》に生きる」「二　自己鍛錬《じこたんれん》で、読み、書き、聴き、考える」「三　企画力の大切さ」「四　チームの力を最大化する」と書いたメモに基《もと》づいています。私がこれらの項目《こうもく》をつくるのにかかった時間は三分です。そのプロセスは次のようなものでした。

まず、「ワン・ポイント・アップの仕事術」という題名が浮かびます。次に、その内容《ないよう》を考えて、「生きがいが大事である」と思い、カードに一行、「生きがい」と書いて貼ります。さらに、「自己鍛錬が必要である」と思い、「自己鍛錬」と書きます。自己鍛錬には何があるかを考えると、「読む」「書く」「聴く」「考える」という項目が出てきます。そして、そのほかに何が必要かを考えると、「企画力」と「チーム力」という項目が出てきます。こうしてばらばらに出てきたものを並べると、それでだいたい一つの法話案ができ上がりました。所要《しょよう》時間は三分です。（ただし、本章以外では使っていない。）

普通の人は、こうはいかないでしょうが、もう少し細《こま》かい内容のカードを何十枚か集め、それに基づいて書けば、立派《りっぱ》な論文などが書けるでしょう。

このように、ＫＪ法を使えば、大きな論文から、ちょっとした話まで、組み立てることが可能です。人間の頭は、さまざまなことをばらばらに思いつくものですが、それを書き出し、並べ替え、筋道を立てていけば、論文などの内容を完成させることができます。これは簡単な方法なので、誰でも使えるはずです。

これが企画力を増《ま》す方法の一つです。

斬新《ざんしん》なアイデアを生む「ブレーン・ストーミング法」

企画力を増すための方法として、「ブレーン・ストーミング法」というものもあります。ブレーン・ストーミングとは、直訳《ちょくやく》すれば、「頭の嵐《あらし》」ということです。

会社では、役員、部長、課長《かちょう》、係長というように、役職《やくしょく》などの上下関係があるため、会議をしても、自由にものが言えません。上司《じょうし》から「こうしてはどうか」と言われれば、部下は「はい」と言うだけになり、自由な発想での意見が言えないのです。

そこで、「自由に議論《ぎろん》をしよう」ということで、肩書《かたがき》を無視《むし》し、一種の無礼講《ぶれいこう》のようなかたちで自由な会議などを行《おこな》うことが、ブレーン・ストーミング法です。

その際《さい》のルールは、「他《た》の人から、どのような意見が出ても、それを決して批《ひ》判《はん》しない」ということです。「どのような意見を出してもかまわない」ということにして、自由に発言し合うと、斬新《ざんしん》な意見やアイデアが出てきたりするのです。

よいアイデアは、誰《だれ》から出るか、分かりません。新入社員などから出ることもあります。アイデアに関しては、立場の上下はあまり関係がないのです。上下関係をはっきりさせすぎると、入社二年目ぐらいまでの人は意見を言えないのですが、肩書を無視して意見を出し合うと、おもしろい意見が出てきます。

また、堅苦《かたくる》しい場所ではなく、喫茶店《きっさてん》などで行うと、より自由に意見が出ます。

そのようにして、おもしろい意見がいろいろと出てきたなかに、「これはいけるのではないか」と思える意見があれば、それによって新しい企画が生まれ、新商品が開発されたりします。そういうことがよくあるのです。

このブレーン・ストーミング法は、会議だけでなく、個人でも利用することが可能です。私もよく使っています。

たとえば、発想、アイデアがわかないときには、さまざまな分野の本や雑誌《ざっし》を、何の脈絡《みゃくらく》もなく集めてきて、どんどん読むのです。そうすると、そのような互《たが》いに関係のないものをたくさん読んでいくうちに、それが混《ま》ざり合い、まったく違《ちが》う角度から結《むす》びつくことがあります。

異質《いしつ》なものを組み合わせることによって、まったく違う発想が生まれ、新しいものができる場合があるのです。まったく関係のないものをいろいろ読んでいくうちに、見る目が変わってきて、けっこうよいアイデアが生まれることがあるわけです。

物理学者の湯川秀樹《ゆかわひでき》氏は、子供《こども》のころ、漢文《かんぶん》の古典《こてん》を一生懸命《いっしょうけんめい》に素読《そどく》していたそうです。漢文の素読は物理学と直接には関係がないと思うのですが、そういう教養を持っていたことが、けっこう研究に役立ったようです。特に荘子《そうし》の思想などは、意外に、素粒子論《そりゅうしろん》の研究に影響《えいきょう》があったのだそうです。

老荘思想は物理学とはまったく関係のない異質なものですが、そういうものを頭のなかに持っていると、物理学の研究をしているときに、意外なところから、ひらめきが出てきて、ほかの学者が考えつかないようなことを、ふっと思いついたりすることがあるのです。

行《ゆ》き詰《づ》まったときには、まったく異質なものを組み合わせてみると、新しい見方ができたり、新しい発想が生まれたりします。まったく違う領域《りょういき》のものを、読んだり聴いたりして、かき混ぜていると、水素《すいそ》と酸素《さんそ》が化合《かごう》して水ができるように、全然違うものが生《しょう》じてくることがあるのです。

企画力の大切さについて述べましたが、どうか、企画力を大事にしてください。企画の仕事は非常に付加価値が高く、単純な事務仕事よりも非常に高い値打《ねう》ちを持っています。これからは企画力の時代だと思います。

4　チーム力を最大化する

自分が認《みと》められるための企画《きかく》は失敗する

ワン・ポイント・アップの仕事術として、四番目に「チーム力を最大化する」という話をしておきたいと思います。

自己《じこ》実現を求めている人、自己発揮《はっき》をしたいと思っている人は、「人に認《みと》められたい」という気持ちが非常に強いものです。それ自体は非常に尊《とうと》いことなのですが、そう思って、がんばっているうちに、「自分一人だけが生きる」という状態《たいじょう》になっていることが、わりにあります。一生懸命に努力しているのに〝努力逆転《ぎゃくてん》〟となり、がんばればがんばるほど、まわりが迷惑《めいわく》したり困《こま》ったりしていることともあるのです。

「自分は自己鍛錬をして、こんなに努力しているのに、なぜ人から認められないのか」と思うことがあるかもしれませんが、その場合には、他《た》の人たちへの視点《してん》が欠《か》けているのだと思います。「自分のことしか考えていないのではないか」ということです。

企画《きかく》を出す場合でも、自分の評価《ひょうか》が上がること、「こんな企画を思いつくとは、君は頭がよい」とほめられることだけを考えている人は、企画の質《しつ》もそれほど高くはありません。いろいろな企画を出しても、周囲からうるさがられるだけであることが、けっこうあります。

いま、会社などでは電子メールがはやっていて、稟議決裁《りんぎけっさい》方式よりも、「直接、相手に電子メールを送る」ということが多くなってきています。社長に対しても、平《ひら》社員が直接に電子メールを送れるわけです。ただ、「どんな意見でもよい」と言ってオープンにすると、社長宛《あて》に電子メールが五百通《つう》も入ったりして大変なので、そこには何らかの絞《しぼ》り込《こ》みが必要になるでしょう。あるいは、社員同士が、「お昼御飯《ひるごはん》をどこへ食べに行くか」などという連絡《れんらく》に、業務《ぎょうむ》時間中にメールを使ったりすることもあります。やや濫用《らんよう》ぎみです。

チーム全体のプラスになる方向で考える

自分から発信することだけを考えていると、単に混乱《こんらん》を招《まね》くばかりであることもあります。意見を発信する前に、まず相手の立場を考えることが大事です。

たとえば、「この企画を相手が使えるかどうか」ということを考えれば、企画の内容《ないよう》にも、おのずと絞り込みがかかってきます。社長宛に五百通の電子メールが入っても、そのうち四百九十通以上は社長の時間を奪《うば》うような内容にすぎないはずです。大切なのは、「自分がこれを思いついた」ということではありません。

「これを相手が使えるかどうか」という点を考えて企画することが大事なのです。「自分が認められたい。自分がほめられたい」という自己中心の思いで出した企画は、外《はず》れることが多いのですが、自分が認められるためではなく、「このアイデアを使えば、自分の上司は成功し、出世《しゅっせ》する」「この企画を使えば、あの人は成功する」というような思いで出した企画は、当たる確率《かくりつ》がかなり高くなります。「他の人のことをまず考える」というワン・クッションが入っている企画は、成功することが多いのです。

仕事で、自分の点数がワン・ポイント上がると、ほかの人の点数が、みなワン・ポイント下がるならば、全員のトータルの点数は下がってしまいます。自分の点数を上げることも大事なのですが、それが、自分のいる課《か》や部、あるいは会社において、ほかの人にとってもプラスになる方向で、常《つね》に考えておく必要があります。

そういう方向で考えず、自分だけの点数を上げるためにのみ努力していたのでは、まわりの人たちが嫌《いや》がるようになってきます。

結局、全体がマイナスになるのならば、その企画はマイナスなのです。また、自己鍛錬も、それによって、ほかの人たちが、みな迷惑するのであれば、結局はマイナスになるのです。

自分自身を磨《みが》いていくことも大事なのですが、それだけではなく、やはり、全体の力がアップし、チーム全体が成功することにつながるように考えていくことです。自分自身が出世することだけを考えるのではなく、それがまわりの人の成功にもつながっていくような考え方を、常に持っておくことが大事です。

そういうことをいつも考えていれば、仕事能力は、確実《かくじつ》にワン・ポイント、アップすることでしょう。

第3章

人間を幸福にする四つの原理

――現代的四正道《げんだいてきよんしょうどう》「愛」「知」「反省」「発展《はってん》」

1　悩《なや》みから脱出《だっしゅつ》するための四つの方法

本章では、「人間を幸福にする四つの原理」と題して、幸福の科学で説《と》かれている「幸福の原理」についての話をします。

ただ、幸福の原理には、かなり数多くの教え、理論《りろん》が派生《はせい》しているので、ここでは、そのすべてについての話ではなく、初心者にも分かり、また、仏法真理《ぶっぽうしんり》を勉強してきた人にとっては伝道の切り口になるような、分かりやすい話をしたいと思います。

ここで述《の》べる四つの原理は、単に頭で考えた空想的な話ではなく、私自身の実体験を踏《ふ》まえたものです。そして、「人間を幸福にする四つの原理」と言いつつも、これは実は、「悟《さと》りに到《いた》る四つの道」でもあるのです。「悟りに到る四つの道」ということは、裏《うら》を返せば、「苦悩《くのう》、悩《なや》みから脱出《だっしゅつ》するための四つの方法」ということでもあります。

その代表的な事柄《ことがら》について述べてみたいと思います。

2 「奪《うば》う愛」の苦しみからの脱却《だっきゃく》（愛の原理）

「評価《ひょうか》されていない」という苦しみ

一番目に、「『奪《うば》う愛』の苦しみからの脱却《だっきゃく》」ということを述《の》べたいと思います。

世の中の人々の苦しみを見ていると、たいていの場合は、欲《ほ》しいと思うものが手に入らないことによる苦しみです。

「欲しいと思うものが手に入らない」という苦しみは、結局、「自分は他《た》の人から愛されていない。評価《ひょうか》されていない」という苦しみです。その評価が精神的《せいしんてき》なものであれ、物質的なものであれ、「自分は評価されていない」という苦しみなのです。

精神的なものであれば、人の優《やさ》しい言葉や気持ち、扱《あつか》いであったり、名誉《めいよ》や肩《かた》書《がき》などであったりするでしょう。物質的なものであれば、食べる物、着る物から始まって、お金や、その他、車とか、家とか、いろいろあります。これらも、自分自身で手に入れるというよりは、まわりから与《あた》えられるという要素《ようそ》も多分《たぶん》にあるので、そういう点を強く見ていくと、苦しみのもとになっていきます。

そのように、現代人《げんだいじん》の苦しみを見てみると、その多くは、他から与えられていないことに対する苦しみなのです。

「これだけよく働いているのに、給料が安い」「これだけよく働いているのに、出世《しゅっせ》が遅《おそ》い」ということもあれば、「汗水垂《あせみずた》らして働いているのに、女房《にょうぼう》や子供《こども》勉強をしたのに、女性にもてない」ということもあるかもしれません。あるいは、「こんなに一生懸命《いっしょうけんめい》、仕事をしているのに、なかなか才能が生かしきれない」ということもあるでしょう。

苦しみの根源《こんげん》を探《さぐ》ってみると、結局、「自分は、こんなにがんばっているのに、自分に対する、まわりの人の評価、あるいは、まわりの人の手を通じての扱いが、非常に悪い」ということに対する欲求不満《よっきゅうふまん》、得《え》られないことに対する欲求不満だと思うのです。

物質的な面については、ある程度《ていど》、諦《あきら》めがつくこともあるのですが、精神的な面、特《とく》に人間関係における精神的な面については、苦しみからの脱却《だっきゃく》は、なかなか難《むずか》しいものがあります。なぜなら、他の人の気持ちというものは、なかなか自分の自由にならないからです。

ちょうど都合《つごう》よく、自分が「この人に評価してほしい」と思う人が、自分を評価してくれたり、自分が「この人に愛されたい」と思う人が、自分を愛してくれたりはしないものです。その反対に、自分が「こんな人から評価を受けたくない」と思う人が、自分を評価してくれたり、自分が「こんな人は嫌《きら》いだ」と思う人が、自分を好《す》きになってきたりするものです。これが世の中の常《つね》なのです。

こういうことがあって、なかなか思うようにいかないのです。

親への欲求不満《よっきゅうふまん》は、大人になっても根っことして残る

特に、人との関係という意味での愛は、男女の愛もあれば、それ以外の人間関係での愛もあると思いますが、そこでの苦しみは、たいていの場合、仏教の根本《こんぽん》において否定《ひてい》されている、喉《のど》の奥《おく》から手が出てくるような渇愛《かつあい》、妄執《もうじゅう》とでもいうような苦しみなのです。

それは、他の人に対する、「こうしてほしい。ああしてほしい」という思いです。それには、異性《いせい》に対するものもあるでしょう。また、子供であれば、「自分の親に、こうしてほしい」という思いや、「自分の親に、もう少し力があったら、よかったのに」という思いもあるでしょう。

あるいは、すでに子供ではなく、充分《じゅうぶん》、大人になっていても、「少なくとも、自分の現在の苦しみの原因は、子供時代に、自分の親に力がなかったことだ」というような場合もあります。

「親に経済力がなかった」「親が偉《えら》くなかった」「親が田舎者《いなかもの》であった」ということもあれば、「親が、すでに年を取っていた」「親が病気であった」ということもあります。あるいは、「親が離婚《りこん》していた」「親が別居《べっきょ》していた」「親の片方《かたほう》が死んでいて、片親《かたおや》であった」「親が外《そと》に愛人をつくっていて、家庭に波風《なみかぜ》が立っていた」ということもあります。

そのようなことで、子供時代に、親に対する、いろいろな欲求不満《よっきゅうふまん》があり、充足《じゅうそく》されなかったという場合もあるのです。大人になっても、それが根っこになって残っているわけです。

この部分は、埋《う》められるかというと、なかなか埋められないのです。たとえば、二十歳《はたち》までの自分の育ち方について、「親に、こうあってほしかったのに」と思うかもしれません。しかし、親は親で、子供が二十歳になる時代には、すでに「有《う》」の状態《じょうたい》、固《かた》まった状態になっていて、人生が決まっているのです。子供が成長する過程《かてい》で、親の人生は決まってしまっています。親だって、人生をやり直せるのだったら、やり直したいぐらいなのです。ところが、膠《にかわ》のように固まった人生になってしまっているのです。

親は子供に対して、「おれのところに生まれたのが不運だと思ってくれ」というぐらいのことは言えるかもしれませんが、すでに生まれ育った子供の育ち方を、いまさら変えることはできません。

したがって、子供のほうは、この部分について充足されたいと思っても、充足されることは、ほとんどないのです。

こういう、幼少時《ようしょうじ》、子供時代に自分が満たされなかった欲求不満のようなものが、社会人になってから、違《ちが》ったかたちで表れることがあります。本来は親に対して求めていたものを、たとえば、上司《じょうし》、上役《うわやく》に対して求めたりするのです。親に求めていたのと同じような評価を、親の代わりに、会社の部長や社長、役員などに求めたがるわけです。

ところが、そのような振《ふ》り替《か》えをしても、たいていの場合、親に対して欲求不満を持ったのと同じように、また欲求不満になります。自分が思っているようには満たされないのです。

それは、そのはずなのです。会社には、たくさんの社員がいて、課長《かちょう》や部長、社長などは、数名、数十名、数百名、あるいは、それ以上の大勢《おおぜい》の部下を養《やしな》っています。そして、たとえば、子だくさんの家庭で、親が「子供を公平に扱《あつか》わなくてはならない」と思っているのと同じように、会社で、上司はみな、「部下に対して、あまり好き嫌いをはっきりさせてはいけない」と思っているものです。上司が部下に対して、あまり好き嫌いをはっきりさせると、全体の士気《しき》が落ちるので、上司は、なるべく、そうならないようにしようと努力しています。

そのため、ある人が、「自分だけが独占的《どくせんてき》に上司から愛されたい」と強く願《ねが》っても、十中八九《じっちゅうはっく》、その試《こころ》みは失敗に終わります。たいてい成功しないのです。

上司が、その人だけを特別《とくべつ》に持ち上げて、偉《えら》くしてくれるようなことは、あまりありません。また、たまたま、そういうことがあったとしても、その人は、まわりからの嫉妬《しっと》や悪口など、いろいろなものを受けて、挫折《ざせつ》しがちなのです。

一人だけが非常に評価されると、その人は、だいたい、まわりから悪口や陰口《かげぐち》を言われ、中傷《ちゅうしょう》されて、それに耐《た》えきれなくなります。「こんなに悪口や陰口を言われるのだったら、もう、あまり上司の評価を受けないほうがいいな」という感じになってくるのです。

そうすると、親に認《みと》められたかった気持ちの代償《だいしょう》として上司に認められたかったのに、そういう「認められたい」という気持ちは、結局、自分自身で放棄《ほうき》しなければいけなくなってきます。それで、また欲求不満になるのです。

そのように、実社会において認められない場合があるわけですが、「実社会において認められたい」という気持ちは、かなり、父性《ふせい》原理、父親的原理とかかわるものです。「幼少時に、父親に認められなかった」という欲求不満を持っている人は、社会に出ると、会社の上司、あるいは、そういう立場に立つ人に認められたがります。父親に認められなかった部分を、社会での評価のほうに持っていこうとするのです。

しかし、それは、父親に認められなかったのと同じように、たいてい、なかなかうまくいかないものです。そのときに、どうするかというと、幼少時、子供時代において母親に求めていたもののほうへ欲求を移《うつ》すのです。

たとえば、「子供時代、父は評価してくれなかったが、母は無限《むげん》にかわいがってくれた。それで見事に充足《じゅうそく》されていた」という場合、救《すく》いはあります。子供時代に母の愛を充分《じゅうぶん》に受けた人の場合は、社会に出て、仮《かり》に出世《しゅっせ》しなかったとしても、救いがあるのです。

そういう人の場合は、実社会で成功しなかったときに、家庭に幸福を見いだしていくことがよくあります。家庭のなかに次なる幸福を見いだすというかたちが非常に多いのです。

ただ、「子供時代に、母からも充分な愛を受けられなかった」という場合もあります。

子供も一人でなく二人、三人になってくると、どうしても、親の愛が二分の一、三分の一になってきます。そして、きょうだいのなかに、親が特にかわいがる子がいたりすると、ほかの子のほうは、差別《さべつ》されているような気持ちになるのです。

そういう意味で、「子供時代に、父は自分に無関心であった」ということは多いのですが、「母も、自分をあまりかわいがってくれなかった」という場合もあります。「自分は母に、もっともっと、かわいがってほしかったのに、充分に、かわいがってもらえなかった。遊んでもらえなかった。ほめてもらえなかった。スキンシップをとってもらえなかった」ということです。

こういう人は、家庭的な面でも、やはり欲求不満を起こしていきがちです。

子供時代に母親から充分に愛された人は、そういう情愛《じょうあい》の深い女性を伴侶《はんりょ》として選《えら》びたがる傾向《けいこう》があり、そのため、社会において挫折《ざせつ》しても、その部分についての、傷口《きずぐち》を埋《う》めてもらえるというか、くるんでもらえることが多いのですが、子供時代に、家庭において、母の愛というものを充分に受けなかった人は、そういう優《やさ》しい女性との結婚《けっこん》を、ほんとうは深層《しんそう》心理で望《のぞ》んでいながら、それができないことが多いのです。

そして、そういうタイプの女性ではなく、非常に棘《とげ》のある、きついタイプ、自分が傷《きず》つけられるようなタイプの女性を、あえて好きになります。わざわざ、その正反対のほうの女性に惹《ひ》かれていくのです。

それで、結婚できなくて傷つけられることも当然ありますが、結婚して傷つけられることもあります。家庭において、また挫折をくり返すのです。結局、幼少時に受けたのと同じような体験をくり返すわけです。

底《そこ》なし沼《ぬま》のように、無限《むげん》に奪《うば》い取る人

このように、子供時代に受けた心の傷が、大人になってから、別《べつ》なかたちで展《てん》

開《かい》することが多くあります。それで、結局、不幸な人生をつくるのです。

そのもとは、原点において、「前半生《ぜんはんせい》、自分は不幸であった。充足《じゅうそく》されなかった。だから、誰《だれ》か、これを充足してくれないだろうか。埋《う》め合わせてくれないだろうか」と思うところにあります。

そういう思いで人生を生きている人は、実は、底《そこ》なし沼《ぬま》のようなもので、そういう人に対して、いくら与《あた》えても、その与えたものは消えていってしまうのです。

会社での評価《ひょうか》にしても、その人は、いくら評価されても足《た》りないのです。「まだまだ、もっと評価してほしい。もっとほめてほしい。もっと早く偉くしてほしい。もっと給料を上げてほしい。もっと、みんなの前で表彰《ひょうしょう》してほしい」というように、きりがないほど、ずっと求めつづけます。

そのため、その人に対する評価は、どこかで必ず打ち切られます。そうすると、その人は不機嫌《ふきげん》になってしまい、満足しないのです。

家庭にあっても同じです。その満たされないタイプの人というのは、奥《おく》さんが、あるいは、ご主人が、いくら一生懸命《いっしょうけんめい》、尽《つ》くしても、底なしで、満足しません。伴侶がいくら努力しても、それを評価しないで、「あれが足りない。これが足りない」と、足りないことばかりを言います。

伴侶が一生懸命やっていて、九十九パーセントのところまで来ていても、欠《か》けている一パーセントのほうを重視《じゅうし》して、「おまえは、ここが足りない。あそこが足りない」「あなたは、ここがだめよ」と言うのです。

たとえば、夫《おっと》がいくら、社会で戦って勝ち、同期より早く出世していても、その夫に対し、「帰りが遅《おそ》い」ということだけを取り上げて、ずっと怒《おこ》りつづける妻《つま》がいます。こういう人は、夫の帰りが早ければ満足するかというと、そうではなく、今度は、夫の出世が遅いことを怒るのは間違《まちが》いありません。夫の帰りが遅いことを責《せ》める妻は、夫の帰りが早くなれば、今度は、夫の出世が遅いことを責めたり、夫の残業代が少ないことを責めたり、いろいろするのです。

これは人間の性格であり、何か一部分を取って責める人というのは、そこが埋まっても、ほかの部分を、また必ず責めます。

そのようなことがあって、こういう人は、なかなか満足しないのです。

人間は、男であれ女であれ、自分自身を振《ふ》り返ってみて、百パーセントではないはずです。したがって、「あなたは、他《た》の人に対して百パーセントを求めるほど完璧《かんぺき》な人間なのですか」ということです。「では、百パーセント、完璧な男性とは、どういう男性なのですか。百パーセント、完璧な女性とは、どのような女性なのですか。そういう人が、実際に、具体的《ぐたいてき》にいるのでしょうか」ということです。

たとえ、有名人、タレントのような女性を自分の妻にしたとしても、とてもじゃないけれども、満足はいきません。テレビタレントのような女性を奥さんにしても、それはたいてい苦しみのもとです。そういう人は、全世界の男性から愛されたくてしようがなく、テレビに映《うつ》ることにばかり関心があるので、亭主《ていしゅ》のことなどには関心がなく、構《かま》っている暇《ひま》もなくて、家にいてもくれません。そのため、そういう女性を妻にしたからといって、幸福になれるわけではないのです。（一部、例外はある。）

あるいは、全女性から慕《した》われるような男性を夫にすれば、幸福になれるかというと、それもまた難《むずか》しいのです。毎日毎日、夫の素行が心配になるからです。

そのように、自分自身も百パーセントではないのに、他の人が百パーセントでなければ気に入らない人、あるいは、「自分は完全主義者、完璧《かんぺき》主義者なのだ。そういう完璧な人が現《あらわ》れないかぎりは、自分は幸福にはなれないのだ」というようなことを言っている人は、幸福になれる権利を永遠に放棄《ほうき》しているのと同じなのです。

こういう無限《むげん》に奪《うば》い取る傾向《けいこう》を持っている人は、いくら、まわりの人からほんとうに愛を注《そそ》がれていても、それが分からないことが多く、足りないことのほうにばかり意識が行くのです。そのため、その人に対して、いくら愛を注いでもだめなので、結局は、愛を注いでいる人のほうが疲《つか》れてくるということがあります。

与《あた》えられているものに感謝《かんしゃ》を

大事なことは何であるかというと、「もう、いいかげんに、『人から貰《もら》うことで自分が幸福になれる』という考えは捨《す》ててはどうか」ということです。

これは、きりがないのです。物質的な面、物やお金についても、あるいは、他の人からの社会的評価や名声《めいせい》、その他についても、健康についても、きりがありません。「これで最高。これで完璧」というものはないのです。

苦しみのもとは、たいていの場合、自分自身がつくり出しているものなのです。

したがって、「そういう傾向性を、いったん思いとどまってはどうか。相手は、一パーセント足りないかもしれない。あるいは、十パーセント足りないかもしれない。しかし、その十パーセントの足りないところを、一生懸命《いっしょうけんめい》、責《せ》めるよりは、九十パーセントのできているところに目を向けてあげてはどうか」ということです。

男性が奥さんに百パーセントを求めたら、家庭内は不和になるのが普通《ふつう》です。なかには、百パーセントを求められたら、それを達成《たっせい》すべく、がんばるような、よくできた奥さんもいるかもしれませんが、そういう人は、心身症《しんしんしょう》になる気《け》があります。

あるいは、舅《しゅうと》や姑《しゅうとめ》が嫁《よめ》に百パーセントを求めたら、嫁は、一生懸命、仕《つか》えるものの、やはり、心のなかで、かなり鬱屈《うっくつ》してくるということがあります。

そのため、やはり、他の人に対しては、百パーセントを求めるより、よくやっているところのほうに目を向けてあげるべきなのです。

そのようにすると、不思議《ふしぎ》なことに、世の中は変わってきます。「人から奪《うば》いたい。取りたい。貰《もら》いたい。貰わなければ幸福になれない」という思いをやめて、自分が現《げん》に与《あた》えられているものを発見し、あるいは、他の人の悪いところではなく、よいところを見ていこうとすると、そういう、評価を変えること、考え方を変えること自体が、実は人に与えていることになるのです。

一生懸命やっていて、九十パーセントまでできていても、十パーセントがだめで、いつも怒《おこ》られている奥さん、あるいは、ご主人がいます。相手から見て、「あなたは、いい人なのだけれども、この癖《くせ》だけは、どうしても気に入らない」というようなものがあるわけです。

たとえば、「一生懸命やっていて、いい男なのだけれども、このポマードだけは嫌《いや》だ」「このひげだけは、どうも嫌だ」「この片方《かたほう》の目の目尻《めじり》が吊《つ》り上がっているのが、どうも嫌だ」「ときどき鼻を鳴らす癖がある」「夜中に歯ぎしりをする」など、いろいろあると思います。

しかし、「これだけは嫌だ」というものを取り上げて言っている人は、不幸になりたい人なのです。要するに、そういうことを言っている人は、実は、自分が不幸になりたくて、不幸になる理由を探《さが》しているのです。「これがあるから幸福になれない」という理由を探しているのです。

そうではなく、やはり、他の人のよいところを認《みと》めていき、自分が与えられているところについて、よく感謝《かんしゃ》し、考え方を変えなくてはなりません。

そして、人から取ることは、もう、この辺でやめましょう。人から与えられていることをよく見て、今度はちょっと、自分も人にあげるほう、お返しをするほうを考えましょう。

たとえば、ご主人は、いつも帰りが遅《おそ》いかもしれませんが、遅いのには遅いだけの理由があるのでしょうから、奥さんは、そういうことに対して、ねぎらいの言葉をかけてあげることです。それだけでも、かなり違います。

いつも帰りの遅いご主人は、奥さんに対して、「言《い》い訳《わけ》をしても、どうせ聴《き》く耳を持たないのだから、もう、無駄《むだ》なことは言うまい」と思い、「飯《めし》」「風呂《ふろ》」「寝《ね》る」だけで済《す》ませ、それ以外は言わないわけです。ところが、奥さんが、ねぎらいの言葉をかけてあげたりすると、ご主人は、ふっと心を開《ひら》くこともあるのです。

人間関係をよくするには一円も要《い》らない

「足りないところだけを見て、それを求めつづけた場合、幸福になれる人間はいないのだ」ということを、まず悟《さと》らなくてはいけません。

すでに多くのものを与えられているのです。それに感謝することから出発すると、人はお返しをしなければいけなくなり、お返しの人生になります。実を言うと、お返しの人生においては、不幸になる道がありません。自分がお返しの人生に入ったときには、不幸はないのです。

これも、完璧《かんぺき》に百パーセントのお返しができるわけではないのですが、一パーセントお返しできたら一パーセントだけ幸福になり、十パーセントお返しできたら十パーセント幸福になり、五十パーセントできたら五十パーセント幸福、九十パーセントできたら九十パーセント幸福になります。

そのため、人を愛するほう、人に与えるほうに思いを切り替《か》えたならば、その「観《かん》の転回《てんかい》」をすることによって、結局、人生において不幸が消えていくのです。むしろ、それは幸福の創造《そうぞう》なのです。

したがって、他の人の幸福を自分の幸福としている人ほど幸福な人はいないのです。「他の人の幸福を自分の不幸とする」というような人は、なかなか幸福になれません。「少しでも他の人がよくなると、それを自分の幸福と思う」という人が、実は幸福的メンタリティー（心的傾向）を持っている人なのです。

「奪《うば》う愛」の苦しみは、たいてい、人間関係を中心としての欲求不満《よっきゅうふまん》であり、それは、「自分は与えられていない」ということから来る不満だと思います。しかし、そういうものは、いくら求めても、ますます蟻地獄《ありじごく》になっていく道なのだということを知らなければいけません。

その思いを捨《す》てて、自分が認められているところについて感謝し、自分が他人に求めていたことよりも、自分が他の人にしてあげていなかったことのほうを考えることです。

たとえば、「この上司《じょうし》は自分を評価《ひょうか》してくれなかった」と、長いあいだ、ずっと恨《うら》みつらみに思っているとします。そのときに、「自分は、その上司が出世《しゅっせ》できるように、それほど仕事でサポートしたことがあるか」と考えると、あまりしていないことがあります。それでいながら、自分が評価してもらっていないことだけは気になるわけです。

「自分は、上司が出世できるようにサポートしたことがあるか。ほんとうに、一生懸命、協力したのか」と考えると、自分はしたつもりでいても、相手の立場から見れば、そうではないことがあります。上司は、「彼《かれ》はいつも、ボーナスが支給される前の月になったら、一生懸命、働き、ボーナス日を過《す》ぎたら、また働かなくなる傾向《けいこう》がある」などと思っていたりします。そんなものなのです。

自分としては一生懸命やったつもりでいても、相手は、「彼は非常にエゴイストだ。自分のほうに見返りがあるときだけは、やるのだけれども、そうでないときは、まったく何もしない」などと思っていたりするものなのです。ただ、それが分からないので、「自分としては一生懸命やったのに、評価してもらっていない」と思うわけです。

　したがって、他の人の立場に立って、相手から与えられていないことよりも自分自身が相手に与えていないこと、なしていないことのほうを考え、それに対して深い反省をし、行動することです。これが幸福への道なのです。

　長年、夫婦で連れ添《そ》っていても、自分の妻、あるいは夫が、一生懸命、努力したことに対して、ほめ言葉一つ与えない人がいます。なぜ、そのようなことに躊躇《ちゅうちょ》するのでしょうか。それをするには一円も要《い》らないのです。

　たとえば、奥さんが、きょう、がんばって、いつもより素晴《すば》らしいお化粧《けしょう》を発明し、少しだけ、きれいになったなら、ほめてあげればよいのです。

　あるいは、ご主人が、きょうは、いつもより十分早く帰ってきたなら、ほめてあげればよいのです。十分早く帰っただけでも、「あなた、きょうは早く帰ってきたわね。お仕事、がんばったのね」と、一言《ひとこと》、言ってあげれば、ご主人は、「そうか。やはり、段取《だんど》りよく仕事をして、早く帰ったら、妻も喜ぶのだな」と思い、喜びます。

そういう、ちょっとした、些細《ささい》なことでもよいのです。

それから、「おれが、おれが」と思って突っ張《つぱ》る人がいますが、やはり、突っ張っていて、それほど成功できる人は、世の中にはいないのです。それで成功することもあるのですが、どこかでコロンと高転《たかころ》びをします。〝高下駄《たかげた》〟から転げ落ちるのが普通《ふつう》です。強気《つよき》で行き、勝負して勝つこともありますが、どこかでは転ぶものなのです。

したがって、やはり、頭を下げることです。頭を下げることには一円も要らないのです。腰《こし》を低くし、頭を低くして、精進《しょうじん》していくことが大事です。それをしないで突っ張りすぎると、高転びをしていきます。

人間関係をよくするには、基本的《きほんてき》に、お金は一円も要りません。まったく要らないのです。単に心の態度《たいど》を変え、口を開《ひら》くぐらいです。少しエネルギーは使うので、エネルギーが一キロカロリーぐらい減《へ》るかもしれませんが、それほど大したことではありません。

人は、自分に対して言われた悪い言葉は何十年でも覚《おぼ》えているものですが、ほめ言葉も、また、覚えているものです。少し怒《おこ》られても、十年間ぐらい覚えているし、少しほめられても、十年間ぐらい、ほめられた気になっているものです。しかし、その言葉は、ほんとうは、ほんの一瞬《いっしゅん》のものなのです。その一瞬の効果《こうか》は大きいわけです。

人間関係を良好にし、幸福な方向へ導《みちび》くには、一円のお金も要らないし、汗水《あせみず》垂《た》らして努力する必要もないのです。必要なのは、心の態度を変えること、そして、具体的《ぐたいてき》な、ささやかな好意を示《しめ》してあげることです。それが大事です。

世の中の人の苦しみを見ると、ほとんどは、この「奪う愛」のところの苦しみなのです。「欲《ほ》しい、欲しい」と思って苦しんでいるので、「欲しい」と思うことをやめて、「どうしたら人に与えることができるか」ということを考えてください。その時点で、すでに悩《なや》みは消えています。これも悟《さと》りの一転語《いってんご》です。

ここでは、「愛の原理」のなかで、いちばん根本的《こんぽんてき》なところについて述べました。

3 頭の悪さを嘆《なげ》く暇《ひま》があれば勉強を（知の原理）

たいていの人は「頭が悪い」と悩《なや》んでいる

二番目に、「頭の悪さを嘆《なげ》く暇《ひま》があれば勉強を」ということを述《の》べたいと思います。これは「知の原理」についての話です。知の原理も、難《むずか》しく言えば、きりはないのですが、ここでは、分かりやすい話をします。

本章の２節では、「自分は人から愛が貰《もら》えなくて、不幸だ、不幸だ」と言っている人に対し、幸福になる道として、愛の原理を述べ、「実際は、人に愛を与《あた》えることにおいて幸福になれるのだ」という話をしましたが、「自分は頭が悪い、悪い」と嘆いてばかりいる人も多いのです。

これを自分だけのことだと思っている人が多いのですが、世の中の人を見てみると、そのうちの九九・九九九九九九パーセントぐらいまでは、頭が悪いことで悩《なや》んでいます。不思議《ふしぎ》なもので、他《た》の人のことは、心のなかを覗《のぞ》けないので分からないため、自分だけがそうだと思っているのですが、たいていの人は、「自分は頭が悪い、悪い」と悩んでいるのです。

たとえば、学歴だけを取って、「この人は大卒《だいそつ》だ。それも、こういう一流大学を出ている」というようなことを言ったりしますが、それでは、一流大学へ行った人はみんな、「自分は頭がよい」と思って、うぬぼれ天狗《てんぐ》になって喜んでいるのかといえば、そんなことはありません。実際には、成績のよい人ほど劣等感《れっとうかん》を感じやすいのです。

あまり勉強せず、遊びほうけている人は、劣等感の感じ方が少なく、むしろ、優秀《ゆうしゅう》な人というか、自分の能力ぎりぎりまで勉強した人が、それで差がついた場合に感じる劣等感のほうが、実はきついのです。

「あの人は、一流大学へ行っているから、劣等感がなくて、いいな。自分は二流大学だから、劣等感の塊《かたまり》だ」「自分は大学へ行っていないから、劣等感の塊だ」などと思っているかもしれませんが、ほんとうは、一流大学に入った人が、そのなかで、しのぎを削《けず》って敗《やぶ》れたときの劣等感のほうが激《はげ》しいのです。

彼《かれ》らは、非常にきわどい劣等感を強く持っています。点数の一点や二点の違《ちが》いで、「あいつは天才だ。おれは凡才《ぼんさい》だ」などと言って、非常に苦しんだりしています。ばかばかしい話であり、そういうところに価値観《かちかん》を感じていない人にとっては何でもないことなのですが、そういうところに価値観を感じている人だからこそ、非常に敏感《びんかん》に反応《はんのう》するのです。

そのため、一流大学へ行った人ほど、実は劣等感を強く感じています。

そういう意味で、外面的《がいめんてき》な学歴などで一律《いちりつ》に評価《ひょうか》するのは問題があります。

「頭がよいから成功する」とは言えない

それでは、その高学歴の人のなかでも成績がよければ幸福かというと、そうでもありません。今度は、「成績がよいのに、なぜ自分は出世《しゅっせ》しないのか」「成績がよいのに、なぜ自分に対する評価は悪いのか」「成績がよいのに、なぜ自分はお金が儲《もう》からないのか」などという悩みがあります。この悩みは、かなり大きいのです。

これは、よくある普遍的《ふへんてき》な悩みであり、「勉強ができればできるほど、お金がたまらない」というのは一つの法則《ほうそく》です。勉強がよくできる人は、たいていは、お金が儲からないのです。

逆《ぎゃく》に、勉強をあまりせず、上手《じょうず》に遊んで人生経験を積《つ》んだ人のほうが、学校を卒業してから、お金が儲かるようになります。

不思議なもので、勉強については、ほどほどに手を抜《ぬ》いて、クラブ活動ばかりしていた人やアルバイトばかりしていた人、海外旅行ばかりしていた人などが、社会に出てから、なぜか、うまく出世したり〝横歩き〟したりしながら収入を上げていくのです。

ところが、一生懸命《いっしょうけんめい》、勉強した人ほど、学者になったり公務員になったりして、収入が先細《さきぼそ》りになっていきます。

たとえば、公務員になったら、国民の税金《ぜいきん》で給料を貰《もら》っているので、それほど収入が高いわけはありません。公務員の収入が民間《みんかん》より高ければ、国民に重税感《じゅうぜいかん》が出るので、公務員の収入は、民間より低いことを前提《ぜんてい》にしています。そのため、収入が民間より低いということで、悩みがあるのです。

東大を出て高級公務員になったとしても、過去《かこ》数十年間は、給料は、民間会社に行っている人に比《くら》べ、だいたい半分ぐらいになりました。学生時代は自分のほうが優秀《ゆうしゅう》だったのに、給料が、なんと半分です。（もちろん、いまはデフレ不況下で民間もガタガタですが〔当時〕。）

大学の先生の場合は、もっと大変です。彼《かれ》らは、「高級官僚《かんりょう》は、給料が民間の半分だから、まだよいではないか。さらに勉強しすぎて学者になった場合には、給料は、民間へ行っている連中の三分の一だぞ。私は、彼らが遊びほうけているあいだに、一生懸命、勉強していたのだ。それで、大学院まで行ったのだ。ところが、給料は三分の一だ。どうしてくれるのだ」と言っています。

それで、学者や公務員には不平不満があるのですが、よくよく見たら、彼らの給料が民間より低いのは正しいのです。なぜなら、彼らは実際には、あまり働いていないからです。彼らの場合、「勉強して試験《しけん》に通り、それだけで、一生、通用する」という面がありますが、民間会社では、毎日毎日、働いて、評価されるのです。これは毎日の試験、あるいは毎月の試験であり、これと、「一回だけの試験に通れば、その後《ご》、何十年か、ずっと保障《ほしょう》される」というのとでは、違《ちが》いがあります。毎日、試《ため》されているほうが、やはり厳《きび》しいのです。

その意味で、「毎日、試され、仕事を評価されて、高収入を得《え》る」というのは大変なことであり、一方、「一回、試験に通り、あるいは論文《ろんぶん》が認《みと》められ、資格《しかく》を得れば、その後、十年間、保障される」などというのは楽なのです。

大学の先生でも、日本では、十年間、論文を一つも書かなくても、もつのです。私の大学の旧師《きゅうし》にも、十七年に一冊《いっさつ》しか本を書かないという人がいました。

なかには、「講義録《こうぎろく》のノートを本にしてしまったら、講義をすることができなくなるので、定年退官《たいかん》のときに初めてそれを活字にする」という人もいました。それまではノートのかたちで隠《かく》しておかないと、毎年《まいとし》の講義ができないのです。本にして出したら最後、新しいことを言わなければいけなくなるので、そうはせずに、三十年間、同じ講義をし、定年退官のときに、やっと本にして出すのです。

このような人は、はっきり言って怠《なま》け者《もの》です。こういう怠け者の給料は、上がるわけはないのです。

一方、給料が高い民間会社ではどうかというと、実際に、切磋琢磨《せっさたくま》し、日進月歩《にっしんげっぽ》で研究開発をしています。

したがって、「頭が悪いから失敗する。頭がよいから成功する」ということは、必ずしも一律《いちりつ》に言えるようなものではないのです。

現代においては、学歴ピラミッドができているので、数として見たら、勝者よりは敗者のほうが、率《りつ》は圧倒的《あっとうてき》に多くなります。ただ単に学歴や試験の勝敗だけでいけば、たいていの場合、七、八割《わり》の人は、敗者のほうに入るのです。

そのため、それだけで人生の幸・不幸というものを考えたら、不幸な人ばかりになります。しかし、それは現実《げんじつ》には正しい判断《はんだん》ではありません。

学歴や試験での勝利は一つの手掛《てが》かりではあるのです。その自分が得たきっかけを手掛かりにして、さらに努力していけば、成功への道になります。しかし、そこであぐらをかいたら、それで終わりであり、大したことはないのです。やはり、汗水垂《あせみずた》らして働く人のほうが、その後、成功していくのです。

そういうものなので、学歴評価的なもの、あるいは学力評価的なものを絶対視《ぜったいし》してはいけません。実際、それで勝者になった人でも、その後は苦しんでいることがあるということは、知っておいたほうがよいでしょう。それを知ったほうが、敗者になった人も、たぶん心は安らぐだろうと思います。

学生時代に勉強しすぎた人の場合は、「学生時代に遊んでばかりいた人が、社会に出てから、なぜ、あれほど出世したり、お金が儲《もう》かったりするのか」ということが不思議でならず、それが苦しみのもとになっています。しかし、その遊んでばかりいた人は、試験に出ない範囲《はんい》のところで仕事をし、試験に出ない範囲のところの能力が評価されているので、それはしかたがないことなのです。

そういう意味で、天は公平であり、ある人に対して、何かの才能を与《あた》えたら、ほかの才能は与えないものです。そのため、「自分には、この才能はない」という場合、その人には何かほかの才能があることがよくあるのです。

したがって、「才能というものは、どこに埋《う》もれているか分からないけれども、いろいろな人が、それぞれ才能を持っているのだ」ということを知らなければいけません。

頭のよし悪《あ》しを運命論的《うんめいろんてき》に捉《とら》えてはならない

特《とく》に、頭のよし悪《あ》しというものは、どうしても、生まれつきのものだと思いがちです。確《たし》かに、生まれつき、赤ちゃんのレベルでも、多少の頭のよし悪しはありますし、鋭《するど》い子、活発な子と、鈍《にぶ》い子とがいます。それは、小学校時代でも、中学校時代でも、それぞれ確かにあります。そのため、先天的《せんてんてき》なものが全然ないと言えば、それは嘘《うそ》になるだろうと思うのです。やはり、あることはあると思います。

ただ、人生の終わった段階《だんかい》で、今回の人生の点数が出ますが、その点数の評価そのものに関係があるのは、本人の生まれてからあとのことであり、先天的なもの、生まれる前の段階の問題は、それには関係がないのです。生まれたときのスタート点はそれぞれ違うのですが、「そのスタート点から、どこまでがんばったか」というところで評価されるわけです。

スタートラインがそれぞれ違うのは、しかたがなく、必ずしもみんな一緒《いっしょ》ではないのですが、そこから、どれだけがんばったかが、今回の人生としての点数なのです。したがって、そのような目で見るべきだと思います。

生まれ落ちてからあとは、やはり、努力の面はそうとうあるし、この努力の面を評価するのが縁起《えんぎ》の理法《りほう》です。

さらに、縁起の理法は、典型的《てんけいてき》には勉強とリンク（連結《れんけつ》）しています。勉強というものは、普通《ふつう》は、やればやっただけ、できるようになるものです。

生まれつきを嘆《なげ》くということもあるでしょうし、また、二十歳ぐらいまでに、だいたい、いろいろな学力の判定《はんてい》などが終わってくるので、それまでの前半生《ぜんはんせい》、あるいは三分の一の人生を嘆くということもあろうかと思います。はっきり言って、世の中は競争《きょうそう》の激《はげ》しい世界であり、勝者・敗者だけで言えば、敗者のほうが多いのです。

しかし、「自分に敗者のレッテルを貼《は》り、それで終わりにしてしまったら、一生は苦しみでしかないし、不幸でしかないのだ」ということを思わなければいけません。

生まれつきというものを考えるのであれば、スタートラインは違うかもしれませんが、結局、「そこから、どの程度《ていど》まで伸《の》びたか」という、その伸び率《りつ》、がんばった量について、人生の点数が出るのです。それ以前の部分は、前回までの人生においては関係があるでしょうが、今回の人生においては関係がない部分です。今回の人生においては、そこからがんばった分が評価されるのです。

一つには、そういう思い方をしていただきたいのです。

そして、もう一つには、やはり、「努力に勝《まさ》る天才なし」と言われるように、「努力する者には勝てない」という面があります。

「頭がよい」と言われる人でも、勉強しないでいると、一年もしないうちに普《ふ》通《つう》の人になってしまいます。単純《たんじゅん》なものです。人は、よくできるようになるのは大変なのですが、こぼれ落ちるのは実に簡単《かんたん》なのです。それは、生まれつきの頭《ず》脳《のう》によるのでもなければ、運命論《うんめいろん》によるのでもありません。

優秀《ゆうしゅう》な進学校に入っても、その後、授業《じゅぎょう》についていくことができず、結局、ぐれてしまい、不良になって、親に迷惑《めいわく》をかけるような子もいます。それは、運命でもないし、本人の頭のよし悪《あ》しだけの問題でもないのです。やはり、本人の価《か》値《ち》観《かん》と、感じ方、ものの考え方によるわけです。

したがって、頭のよし悪しを、あまり運命論的な考え方で捉《とら》えないほうがよいのです。

それから、頭のよし悪しにも、学校の勉強での頭のよし悪しとは違う、実人生での頭のよし悪しというものがあります。実人生での頭のよし悪しとは何であるかというと、それは結局、「成功の法則《ほうそく》を知っているかどうか」ということです。

成功の法則そのものは、学校で教《おそ》わるものではありません。小学校、中学校、高校、大学の、いずれにおいても教わりません。そういう学問的なことも、一つの基礎《きそ》としてはあるのですが、成功の法則そのものは、自分自身が実体験して学び取っていくものなのです。

そして、成功の法則を学んだ人は、この世的には、結局、「頭がよい」というかたちになります。

それを学びきれなかった人は、残念ながら、〝抜《ぬ》け殻《がら》〟を愛していたということでしょう。試験勉強という、抜け殻のほうを愛していて、結局、そのなかから得《え》られる、この世で成功していくための方法を学びきれなかったと言えるのです。

自分との戦いでは勝つことができる

世の中に、「自分は頭が悪い」と嘆《なげ》いている人は現《げん》にたくさんいますが、結論《けつろん》的《てき》に言うと、やはり、他の人との比較《ひかく》においては、最終的な勝者にはなれません。そういう相対論《そうたいろん》のなかで、他人との比較だけで見た場合には、最終的に、勝者にはなれないのです。

そうではなく、自分自身のなかの問題、自分自身の問題として、「自分は、生まれ落ちたとき、この程度の頭だったけれども、がんばったら、このくらいできるようになった」という、自分の伸び率のほうを見ることです。

この自分自身との戦い、絶対の戦いにおいては、勝つ可能性《かのうせい》は誰《だれ》もが持っています。「自分自身の、生まれつきの頭、あるいは、小学校、中学校、高校時代の頭に比べたら、よくがんばったな」と言うことはできます。自分との戦いにおいては勝つことができるのです。

他の人との戦いだけでいくと、最終的な勝利には、なかなか行きません。また、そこで最終的に勝利した人が、その後、どうなったかを見ると、結局、人生で勝利していないことも、よくあります。

「あの人は、ずっと勉強がよくできるな。どうなるのかな」と思って見ていると、「勉強ができた。Z省《しょう》（旧O省）へ入った。その後、飛び降《お》りて死んだ」というようなこともあります。Z省には、エリートのキャリア官僚《かんりょう》として、年に二十人ほどが入りますが、そのうち、平均《へいきん》して一割の人は自殺をするのです。それから、離婚率《りこんりつ》も異様《いよう》に高いのです。それで成功しているのかどうかは、何とも言えません。（まれに、理想的な家庭もあるが。）

なぜ自殺するかというと、結局、自分の能力を過信《かしん》していて、「自分はもっとできるはずだ」と思うのに、実際にはできないので、苦しくて苦しくて、しようがないからです。あるいは、「彼《かれ》は局長になりそうなのに、自分は課長で止《と》まるかもしれない」「自分は局長になるかもしれないが、彼は次官まで行くかもしれない」などと思って悶《もだ》え、苦しくて苦しくてしようがなくて、死んでしまうのです。人間関係のトラブルで挫折《ざせつ》する人もいます。

ほんとうは愚《おろ》かなことであり、ばかばかしい話なのですが、そのように、狭《せま》い世界のなかで優劣《ゆうれつ》を競《きそ》い、結局、自分が敗北《はいぼく》したと思うと、死を選《えら》ぶ人もいるわけです。

これは世界観が小さすぎると言えます。非常に小さな世界で生きているから、そうなるのです。人生の勝敗というものを、非常に小さな世界で判定《はんてい》しているから、そんなことになるのです。

勉強した結果が、そのようになることもあります。

したがって、「他人との競争においては、最終的な勝利というものはない」と思ったほうがよいのです。戦いは、結局は自分との戦いなのです。

生まれつきの賢愚《けんぐ》、「賢《かしこ》いか、愚《おろ》かか」ということは、ある程度はあると思ったほうがよいでしょう。これは、まったくないと言ったら嘘《うそ》になると思います。まったくないということはなく、やはり、ある程度はあります。

しかし、「自分の、もと持っていた持ち点から見て、こんなに点数を増《ふ》やしたぞ。こんなに〝利子《りし》〟が増えたぞ」というところに喜びを見いだすべきなのです。「これだけ賢くなった」ということに喜びを見いだせば、失敗もなく、敗北もないのです。

知っていれば失敗しない

頭のよし悪《あ》しには、こういう学力的な面もありますが、もう一つ、違《ちが》った面として、前述《ぜんじゅつ》したとおり、「世の中の成功の法則《ほうそく》を知っているかどうか。人生に成功するか、失敗するか」という面もあります。

これは、他《た》の人からは、なかなか教えてもらえない面です。各人の応用問題なので、「こうしたら失敗するぞ。こうしたら成功するぞ」と、一個一個、教えてはもらえないし、易者《えきしゃ》に訊《き》いても、教えてもらえるわけではありません。

ただ、ここで、簡単《かんたん》な、単純《たんじゅん》なことを言うと、「人は、自分の知っていることについては失敗しない」ということが言えます。これは覚えておいてほしいのですが、人は、自分の知っていることについては、なかなか失敗しないのです。

ところが、未知《みち》のことが多すぎるのです。「ほかの人は、すでにそれを経験しているけれども、自分はそれを知らない」「人生の先輩《せんぱい》はそれを知っているけれども、自分にとっては、それは初めての経験である」ということがあって、未知のことに出くわすわけです。

未知のことについては、やはり、勝敗は五分五分《ごぶごぶ》です。成功するか失敗するか、分かりません。

しかし、すでに知っていること、既知《きち》のことに関しては、五分五分ではなくなります。すでに知っていることについては、十割、勝てることもあるし、十割とまでは行かなくても、九割以上は勝てます。「これは、こうなる」ということを知っていれば、勝てることが多いのです。

これは将棋《しょうぎ》の指《さ》し手《て》と同じことです。将棋では、定跡《じょうせき》を知っていれば勝てるでしょう。それを知らない人が相手だったら百戦百勝です。ところが、向こうもそれを勉強してきたら、勝つのは難《むずか》しくなります。この将棋の指し手と同じで、知っていることについては、人はなかなか失敗しないものなのです。

人生の経験、人生の勝敗に関することについては、ほとんどの人が素人《しろうと》です。それについて研究し尽《つ》くしている人など、あまりいないものです。研究し尽くしている人は失敗もしないでしょうが、普通《ふつう》、九十何パーセントの人は素人なのです。そのため、各人が、それぞれの初めての体験でつまずくのです。

したがって、そういう場合、まず知っているということは大事なことなのです。知るためには、どうしたらよいでしょうか。一つには、活字で読むという方法もあります。もちろん、テレビなどを観《み》て情報《じょうほう》を得るという方法もあります。あるいは、映画を観たり、小説を読んで勉強したり、人の話を聴《き》いたりというように、いろいろな方法があります。

まずは、自分の迷《まよ》っている事柄《ことがら》に対する判断《はんだん》を与える根拠《こんきょ》、それを判断するための材料が要《い》ります。知っていれば失敗しないのです。

特に、学校の勉強などがよくできても人生に成功していない人を見ていると、そのほとんどは、人生の悪についての知識が足《た》りません。

そういうことについては、文部科学省《もんぶかがくしょう》の指導要領《しどうようりょう》に、まったく載《の》っていないため、正当な学問をやっただけでは、「世の中では、こういうことをしたら失敗する」「世の中には、こういうことを考えている人がいて、その人によって、あなたは失敗させられる」「あなたは罠《わな》にはめられることがある」というような、人生の悪、あるいは苦しみ、挫折《ざせつ》、迷いなどについての知識は、実は入らないのです。

運よく、そういう危険《きけん》に遭《あ》わずに、よいルートに乗って、スーッと上がることができれば楽ですが、そうでなかった場合には、そのような、人生における悪との対決があります。

これに対しては、「知っている」ということが徹底的《てっていてき》に強いのです。「こういう場合に、こういう人は、こういうことをする」「こういう場合に、人間は、こういうことをする」というようなことを知っていることが大事です。

お金に絡《から》むことで言うとすると、たとえば銀行員であれば、「こういう人にお金を貸《か》したら、こうなる」というような、一種の法則を知っていなければならない面があります。

「この会社は倒産《とうさん》する。なぜかというと、理由は、これと、これと、これである」「社長の私生活を見ると、乱《みだ》れている。乱れているポイントは、ここと、ここと、ここである。こういうことをする人に融資《ゆうし》をしても、たいていの場合、その後、会社は倒産する」というようなものが、幾《いく》つかあるわけです。そういうものを知っていると、失敗しないで済《す》むのですが、それを知らないで融資をしたりすると、資金《しきん》が焦《こ》げついて、返ってこなくなります。そして、自分の出世《しゅっせ》にマイナスになります。

こういう、いろいろな人生模様《もよう》を知っている必要があるのです。

これについては、活字で読むだけでは無理かもしれません。やはり、他の人の人生体験や経験を、いろいろ聴《き》いておかないとだめです。そういう、人生の悪についても知らなくてはいけないのです。

善をなそうとする人は、悪についても知ることが必要です。悪に対して戦う力を持っている人は、やはり、善においても強いのです。

「知らない」ということにおいて、悪は、はびこることがあります。知っていて、見破《みやぶ》れば、悪というものは現実化しないのです。

人を騙《だま》そうとしたり、罠《わな》にはめようとしたりする人間も、世の中にはいます。そういう意図《いと》はなくても、一定のシチュエーション（状況）に置《お》かれたら、そのようになることも、人間にはあります。それについて、よく研究することです。そうすることによって、失敗から逃《のが》れて幸福に入ることもできるのです。

そういう悪いことをする人間もいますが、その人に悪を犯《おか》させないことも善なのです。善人が騙されて失敗するということはよくあるのですが、それで悪をはびこらせることになったら、善人が善人ではなくなります。悪を増長《ぞうちょう》させていることによって、善人が悪人の共犯者《きょうはんしゃ》と同じになるのです。

したがって、幅広《はばひろ》い関心を持って、人生における悪の問題、それから、人を堕《だ》落《らく》させたり、失敗させたり、挫折《ざせつ》させたりする原因などについて、よく見る必要があります。

これについては、自分の経験には限界《げんかい》がありますが、友人、親、きょうだい、親戚《しんせき》、知り合い、こういうところをじっと見ていると、必ず勉強材料は転《ころ》がっています。「人は、なぜ失敗するのか。どういうことによって悪の道に入るのか。どういうことによって悪に染《そ》まるのか」というようなことを、じっと観察すると、大いに勉強になることがあります。

「それを知っている者は、つまずかないけれども、それを知らない者は、第一《だいいち》撃《げき》で失敗する」ということがあるので、「知は力である」ということは、こういう面についても当たります。この辺を研究してください。

「学力的な面について、自分の頭の悪さをあまり嘆《なげ》きすぎる必要はない」ということも言いましたが、もう一つには、「人は、自分の知っていることについては失敗しないものなので、そういう意味において、さまざまなことを知ろうとする努力をしたほうがよい」ということです。

要するに、頭が悪いことを嘆いている暇《ひま》があったら、正しい判断《はんだん》ができるように、常《つね》に努力して、知識を集め、研究を怠《おこた》らないことです。これも幸福になっていくための道なのです。

経営的《けいえいてき》な面などは、ほんとうに、人の問題、経営者一人の問題です。同じ会社でも、「ある人が経営したら潰《つぶ》れるけれども、経営者が入れ替《か》わっただけで潰れなくなる」ということがあります。しかし、「その人がやると会社が潰れる」というような人は、たいてい、なぜ会社が潰れるのかが分かりません。分からないままで突《つ》っ走《ぱし》っていくのです。

それは、他の人の経験や知識について、充分《じゅうぶん》、学んでいないからです。そのため、そういうことになるのです。

結局、生まれつきのことや、すでに終わってしまった過去《かこ》について嘆くよりは、やはり、積極的《せっきょくてき》に努力し、精進《しょうじん》して、道を開《ひら》くべきなのです。

4　反省すると悪霊《あくれい》が抜《ぬ》ける（反省の原理）

現代人の半分以上が悪霊の影響《えいきょう》を受けている

三番目に、「反省すると悪霊《あくれい》が抜《ぬ》ける」という話をします。これは、霊的なことを知らない人には、なかなか分からないと思うのですが、現実のことなのです。

本章では、まず、他《た》の人から愛が貰《もら》いたくて苦しんでいる人に対して、「愛を与《あた》えることによって幸福になりなさい」という教えを説《と》き、次に、知の原理について、「頭の悪さを嘆《なげ》いている暇《ひま》があったら、きちんと勉強しなさい。知識を仕入れて、人生に勝利しなさい」という教えを説きました。これは両方とも自分からできることです。自分から出発して幸福になれる道を二つ述《の》べたのです。

これは悟《さと》りの道と同じです。自分で始める、自分から出発していくのが悟りなのです。

反省のところについても、同じことが言えます。

人生において成功せず、失敗の道に入る理由の一つには、やはり、霊的な問題があります。いわゆる悪霊の影響《えいきょう》というものがあるのです。

生きているときに、天国・地獄《じごく》があることを信じなかった人や、信じてはいても、間違《まちが》った宗教《しゅうきょう》などをやっていたために、成仏《じょうぶつ》していない人など、あの世の世界において、正当なルートで成仏していけない人は、地獄へ行くこともありますが、何らかのかたちで、この世にとどまろうとしています。

死後の世界を信じていなかった人たち、あるいは、信じていても天国に入《い》ることができなかった人たちは、「この世にとどまっていたい」という気持ちを持っているのです。彼《かれ》らは基本的《きほんてき》に死にたくないわけです。

彼らが、この世にとどまることができるためには、どういう方法があるかというと、人間に取り憑《つ》くか、場所に取り憑くか、この二つしかありません。

彼らは、この世、三次元の物質世界に執着《しゅうちゃく》しています。そして、その執着によって、この世を去れないでいるのです。

こういうものに取り憑かれると、やはり、人生が、ぐっと悪くなるというのは真実です。そのようなことがあるのです。

あまり、「霊だ、祟《たた》りだ」と言って、怯《おび》えたり、人を脅《おど》したりするようなことは、よいことではないと思いますが、現実に、霊障《れいしょう》という問題はあります。

統計的《とうけいてき》に数字を出せるわけではないので、明確《めいかく》には言えないところはありますが、やはり、「半分以上の人は、何らかの悪《あ》しき霊的な影響《えいきょう》を受けている」というのが、現代社会の実情ではないでしょうか。何らかの影響のある悪霊《あくれい》が、一体ないし二体、作用《さよう》していることが多いのです。

特《とく》に、その霊体《れいたい》と本人の意識が非常に近くなり、ほとんど変わらないような価《か》値観《ちかん》、人生観、行動パターンを持つようになってきたときに、どちらの考えで行動しているのか、ちょっと分からなくなります。どちらがどちらか分からないようになってくるのです。

そして、その死んだ人と、まったく同じような癖《くせ》が出てきたり、まったく同じような行動パターンをとるようになったりして、最後は同じような破滅《はめつ》の仕方をしていくことがあります。これは、怖《こわ》いぐらい、そうなります。

そのため、ある一定のスタイルで破滅して死んだ人がいる場合、よく気をつけないと、その人の親戚、身内などのなかに、また同じようなパターンで失敗する人が出ることがあります。それは〝因縁《いんねん》〟などというものではなく、実際に、そういう成仏《じょうぶつ》していない霊が作用していることもあるので、それを見抜《みぬ》かなければいけないのです。

したがって、自分の心のなかに、そういう霊と同通《どうつう》するような傾向性《けいこうせい》があったら、努力して、その部分を修正していく必要があります。

悪霊に取り憑《つ》かれることによって、どのようになるかというと、感情のぶれが非常に激《はげ》しくなります。特徴的《とくちょうてき》には、非常に怒《おこ》りやすくなり、すぐにカッカと来るようになります。

それから、悪霊に憑かれていると、世界観が逆転《ぎゃくてん》し、すべてが逆に見えます。前述《ぜんじゅつ》した「『奪《うば》う愛』から『与《あた》える愛』へ」という話で言えば、「人に与えたい」などという気持ちは、さらさら起きてこないのです。

悪霊に憑かれていると、いつも苦しく、被害妄想《ひがいもうそう》で、人や環境《かんきょう》に対する不満がたくさん出てきます。「何でも反対党《はんたいとう》」的《てき》な人生観、すなわち、「とにかく、幸福な人や、うまくいっている人を批判《ひはん》していればよい」というような人生観になってきて、「自分で、どうにかしよう」「人のためになることをしよう」などという気持ちが起きてきません。とにかく、「人を見たら悪人と思え」で、人の悪いところばかり気がつくのです。

そして、だんだん、自分が自分ではないような感じがしてきます。「自分ではない何者かの作用によって、かなりやられている」というか、「人生の振幅《しんぷく》が非常に大きく揺《ゆ》れるな」という感じが、自覚として出てくると思います。

特に、睡眠不足《すいみんぶそく》になったり、あるいは、酩酊《めいてい》、泥酔《でいすい》するところまでお酒を飲んだりする癖《くせ》がついてくると、悪霊は抜《ぬ》けなくなってきます。

反省は、悪霊と戦ういちばん簡単《かんたん》な武器《ぶき》

この悪霊の憑依《ひょうい》を避《さ》けるには、一つには理性の部分が大事です。理性をしっかり持つことが非常に大事なのです。

悪霊に憑依されると、感情のぶれが非常に激しくなってきます。そういう場合には、適当《てきとう》な睡眠を取り、健康を心掛《こころが》けて、まずはコンディションを整えなくてはいけません。

そのように、コンディションを整えることが必須《ひっす》ですが、さらに、悪霊と戦うには武器《ぶき》があります。そのいちばん簡単《かんたん》な武器が反省なのです。

悪霊が自分に憑《つ》いているとしても、あまり、その悪霊自体を悪いと思いすぎないことです。それが、ずっと憑いていられるということは、自分自身のなかに、それと同調するもの、同通するものが必ずあるのです。

したがって、悪霊との戦いではなく、自分自身の「己心《こしん》の魔《ま》」との戦いなのだということです。

釈尊《しゃくそん》の「降魔成道《ごうまじょうどう》」の話もありますが、魔が、たくさん、まわりから寄《よ》ってくる、攻《せ》めてくるということは、やはり、自分自身のなかに、それを呼《よ》び込《こ》むものがあるということです。最後の誘惑《ゆうわく》、そういう迷《まよ》いなどがあるときに、心のなかに忍《しの》び込もうとして、魔がやってくるのです。

自分自身にそういう隙《すき》がなくなったときに、彼《かれ》らは、もう取り憑けなくなって、パリッと離《はな》れていきます。

悪霊がくっついてくるときには、ほんとうに、まさしく電源《でんげん》にプラグを差し込むような感じで、スポッと差し込んできます。そして、疲労《ひろう》を倍加《ばいか》させ、悩《なや》みを倍加させます。

彼らは、人が悩んでいたり、苦しんでいたりするのを見ると、愉快《ゆかい》でしょうがないのです。それで、「この人を、もっと苦しめてやろう」「この人を、発狂《はっきょう》させて殺してやろう」「この人の人生を、何とかして破滅《はめつ》させてやろう」というような、悪いことを考えているのです。こういうことで、やられるわけです。

たとえば、自殺の名所のような所には、よく、そういう霊がいて、その霊と同じような悩みを持っている人が、そこへ行くと、ヒョッと憑かれてしまうことがあります。そして、また同じようなことで、同じような自殺をしたりします。地縛霊《じばくれい》にやられるのです。

そのため、よく人が死んだりするような所には、あまり行かないほうがよいと思います。〝肝試し《きもだめし》〟は、あまりしないほうがよいのです。そういう所には、なるべく近寄《ちかよ》らないほうがよいでしょう。

このように、場所に関係がある霊に憑かれることもあれば、あるいは、自分と、人間としての縁故《えんこ》のある霊が来ることもあります。

縁故のある霊も来やすいのですが、縁故がなくても、自分の波長《はちょう》と完全に同通するものがある霊は、霊界《れいかい》の世界では距離《きょり》が関係ないため、どこからでも、すぐに通じてきます。

したがって、自分の心が地獄に通じていると思ったら、まず自分自身でやれるところから始めなくてはいけません。そのためには、反省が武器になるのです。

あなたの「執着《しゅうちゃく》」に悪霊が寄《よ》ってくる

これは仏教でくり返し教えている部分ですが、悪霊が入ってくるのは、ほとんどが「執着《しゅうちゃく》」からです。

自分が何かに執着している、その執着の根源《こんげん》は三次元的なものです。この世において、「あれが欲《ほ》しい。これが欲しい」と執着している部分、ここが悩みのもとになっています。発信源《はっしんげん》は、たいていの場合は、ここなのです。

したがって、「これが自分の執着なのだ」ということが分かれば、道は近いと言えます。

自分の執着とは何であるかが分からないならば、あまり自覚的でないとき、ボーッとしているときに、何を考えているか」ということを振《ふ》り返ってみたらよいのです。

一日のうちに、何度も何度も、くり返しくり返し、心のなかに浮《う》かんでくるものがあれば、それが執着なのです。「一日のうちに、何度も何度も心のなかに去《きょ》来《らい》して、ふと気がつけば、そのことを考えている」というような、心のなかのシエア（割合）が高いものです。

たとえば、過去《かこ》のことでも、そういうことがあります。ふと気がつけば、子供《こども》時代に父親から虐待《ぎゃくたい》されたことを思っていたり、ふと気がつけば、昔《むかし》、別《わか》れた彼《かの》女《じょ》のことばかり考えていたり、ふと気がつけば、昔、衝突《しょうとつ》した上司《じょうし》のことばかり考えていたりします。

あるいは、ふと気がつけば、自分の子供のことばかり考えていたりします。

「あまり自覚的でなく、ふと気がつくと、いつも、そこのところへ考えが返ってきている。しかも、たまたま、その日一日だけではなく、毎日毎日、返ってくる」というものがあれば、それがあなたの執着なのです。

その執着には、もちろん、理想達成《たっせい》のためのものもあるかもしれませんが、それが、ほんとうに理想達成のためのものであるのかどうか、単なる苦しみのもとでないのかどうか、そこを振り返る必要があります。

悪霊にプラグを差し込まれているのは、まさしく、そこなのです。間違《まちが》いなく、そこなのです。これを断《た》たなくてはいけません。

執着を断《た》つための方法

執着を断《た》つためには、どうすればよいでしょうか。

たとえば、前述《ぜんじゅつ》したように、奪《うば》う心から、与《あた》える心に変えることも、執着を断つための一つの方法です。また、「自分は頭が悪い」という考えばかりがあって、劣等感《れっとうかん》が深いのであれば、「こういうことを考えている時間があったら、勉強をしたほうがよい」と思いを切り替《か》えるのも一つの方法です。

あるいは、「諸行《しょぎょう》は無常《むじょう》であり、しょせん三次元は三次元であって、やがては去っていく世界なのだ。最終的には、魂《たましい》における勝利しかないのだ」と考えることによって、勝つことができます。

「最終的には魂における勝利しかないのだ。この世における敗北《はいぼく》は、人生の敗北を意味していない。この世において、他《た》の人がどう言おうと、世間《せけん》がどう評価《ひょうか》しようと、親やきょうだいがどう言おうと、この世的な評価は、最終的な勝敗には関係がない。最終的な人生の勝敗は、魂における勝利かどうかで決まる」ということです。

そのように、「三次元を超《こ》えた世界の目から見た、人生の勝利はどこにあるのか」という面から捉《とら》えたときに、執着は断つことが可能《かのう》です。

そして、執着を断つことができたら、悪霊を諭《さと》すこともまた可能になります。

悪霊が憑《つ》いていると、たとえば、他の人のことを非常に悪く感じますし、悪口がよく出てきます。悪口が、ぽんぽん出てくるのです。そのときに、「ほんとうに自分が言っているのか。それとも悪霊が言っているのか」ということを考えなければいけません。いつもいつも、そういう悪口を言う習性がある場合には、たいてい、阿修羅霊《あしゅられい》などに憑依《ひょうい》されていることが多いのです。

その場合に、それが自分自身の憑依霊ではなく、家族から貰《もら》っている憑依霊であることもあります。たとえば、自分の妻《つま》や夫《おっと》、親などが、非常に粗《あら》い波動《はどう》で、いつもけんかばかりしているような人であったら、その家族から、ひょいっと憑依霊が移動《いどう》してきて、自分がそれを貰うこともあるのです。そのため、よく注意することが必要です。

まず、カッカしている場合はだめです。それから、愚痴《ぐち》がたくさん出るような場合もだめです。愚痴が出たり、いつもいらいらしていたり、怒《おこ》ってばかりいたりするような人は、たいてい悪霊にやられています。環境《かんきょう》への不満など、何らかの欲求不満《よっきゅうふまん》から、そうなるのです。

したがって、できるだけ、奪う愛から、与える愛へと思いを切り替え、人から貰うこと、あるいは評価を受けることを考えるのではなく、「自分が人に対して、してさしあげることは何かないか」というメンタリティーに変えることです。

そして、努力しても変えられないものに対しては、淡白《たんぱく》であることが大事です。

「しょせん、この世のことは、この世のことなのだ」と思って、過《す》ぎていくものに心を奪われないことです。そういう透明《とうめい》な心を持ち、執着を持たずに、さらさらと生きていくことです。

「過ぎたことは過ぎたことであり、過去《かこ》は、もう変えられない。しかし、未来《みらい》は変えることができる。変えていける未来については努力しよう。

過ぎ去った過去については、悔《く》やまれることはあるけれども、反省すべきことは反省し、反省によって修正がつかないものに対しては、とらわれないことだ。あまり、それを拡大視《かくだいし》して考えることは問題である。『今世《こんぜ》は今世』ということで、それを、来世以降《らいせいいこう》、よりよく生きるための教訓《きょうくん》にして、生きていこう」

このように考えたほうがよいのです。

実際、反省によって悪霊が取れる瞬間《しゅんかん》というのは、ペリッと剝《は》がれる感じがします。ほんとうに、壁紙《かべがみ》を剝がすように、ペリッと剝がれる感じがするのです。

事実上、霊には重さがないのですが、悪霊が憑《つ》いていると、体は重いのです。体が非常に重く、毎日、調子が悪いのです。たとえば、梅雨時《つゆどき》の、どんよりした天気の日に満員電車に乗っているような、うっとうしくて、体がだるく、やる気が出ない感じが、悪霊が憑いているときの感じなのです。

これがペリッと取れると、まず、顔に赤みが射《さ》してきます。悪霊が憑いていると、よく、顔が青かったり、黒ずんでいたり、死相《しそう》が出ていたりするのですが、その顔に赤みが出てくるのです。

また、体に光が入ってくるので、体がサーッと温《あたた》かくなったり、血《ち》の気《け》が通《かよ》ってくると同時に、ぽかぽかと少し温かい感じが出てきたりします。

そして、体が非常に軽くなります。やはり、一名の霊の苦しみを背負《せお》うと、あるいは、二名、三名の霊の苦しみを背負うと、重いものなのです。なぜなら、人間は霊的な存在《そんざい》だからです。これが取れると、楽になります。

ただ、悪霊が取れても、同じ悩《なや》みをくり返していると、悪霊は、また戻《もど》ってきます。そのため、悪霊が取れたあとは、なるべく明るい人生観を持って生きることが大事です。どうやって悪霊と波長を合わせないようにするかということが大事なのです。

したがって、反省して悪霊を取ったら、あとは、そういう悪霊の苦しみの波動と合わないような、建設的《けんせつてき》で明るい人生を生きるようにしなくてはいけません。

悪霊の憑依《ひょうい》は頭のよし悪《あ》しとは関係がない

「悪霊が取り憑《つ》くか、取り憑かないか」ということは、頭のよし悪《あ》しとは関係がありません。悪霊は、頭のよい人には憑かず、頭の悪い人だけに憑くかというと、そんなことはないのです。

そうではなく、これは基本的《きほんてき》には人柄《ひとがら》のほうと関係があります。人柄がどうであるかということです。悪霊は、人柄のよい人には憑きにくく、人柄の悪い人には憑きやすいのです。

私は以前、Ｏ省《しょう》（現Ｚ省）の官僚《かんりょう》が覆面《ふくめん》で行《おこな》った座談会《ざだんかい》を本にしたものを読んだことがあります。ところが、そこでは三人が話をしているのですが、その三人ともが阿修羅霊《あしゅられい》に取り憑かれているのです。それで、その本を読むと、非常に気分が悪くなり、半日ほど、仕事ができませんでした。

彼らは、忙《いそが》しく仕事をしているうちに、霊障《れいしょう》になっていたのでしょう。もし彼らが部屋のなかに入ってきたら、たぶん、部屋のなかがモワッとして、こちらの体がペタッとなるほど、きついと思います。

そのように、頭のよし悪しとは関係がないわけです。

心が非常に波立《なみだ》ち、非常に攻撃的《こうげきてき》な心を持っていると、阿修羅霊に憑かれたりして、まったくの霊障になります。そして、自殺するか、あるいは、もっと強ければ、人をいじめるほうに行くか、そのどちらかになったりするのです。

霊的な影響を、悪霊から受けるか、それとも守護霊《しゅごれい》から受けるかということは、この世的な頭のよし悪しとは、また別《べつ》の問題です。そこに関係するのは、主《しゅ》として人柄です。言い換《か》えれば、いかに感情が安定しているか、あるいは、いかに人生観が安定しているかということです。ここと関係があるのです。

したがって、「頭の悪い人は悪霊に憑かれ、頭のよい人は高級霊《こうきゅうれい》に付かれる」ということはありません。そうではなく、ここは、あくまでも人柄の問題なのです。

また、悩みに関しても、頭のよし悪しは、あまり関係がないということも、知っておいたほうがよいでしょう。悩みは、頭のよし悪しとは関係なく起きます。特に、感性的なものは、頭のよし悪しとは関係がないのです。

たとえば、男女問題は知能とは関係がないと言われています。男女問題は、知能指数《しすう》が一〇〇であろうが二〇〇であろうが、それとは関係なく起きることなのです。

人間は、感情の問題のところで、けっこう霊障になりやすいので、気をつけなくてはいけません。これについては、各人の持って生まれた性質もありますが、よく自分を客観視《きゃっかんし》して、コントロールする必要があるのです。

以上が「反省の原理」です。

これも、結局、自分の主体的な力で霊障を突破《とっぱ》して、幸福に入ろうとするわけであり、悟《さと》りへの道です。やはり、自分からの出発なのです。

5　念《おも》いは実現する（発展《はってん》の原理）

よい念いも悪い念いも実現してくる

四番目に、「念《おも》いは実現する」という話をします。これは「発展《はってん》の原理」という教えです。

この発展の原理も、それぞれの人の立っているステージ（段階）によって話が違《ちが》います。それぞれの人の立場に合った話があるので、難《むずか》しいのです。

ただ、基本的《きほんてき》には、人間というものは、やはり霊的《れいてき》な存在《そんざい》であり、霊の世界というものは、念いの世界、念いが実現する世界であると言えます。

地獄的《じごくてき》な念いを持っている人は、あの世で、大勢《おおぜい》が集まって、ほんとうに地獄界を展開《てんかい》しています。地獄界において、悩《なや》みや苦しみのなかで、〝サドマゾ〟をやり、お互《たが》いに苦しめ合って生きているのです。一方、天上界《てんじょうかい》は、お互いに支《ささ》え合って生きている世界です。あの世では、念いの世界が展開していて、そちらが、ほんとうの世界なのです。

したがって、念いが人間の本質であり、肉体というものは、それを実現するための乗り物、手段《しゅだん》にしかすぎないのです。

まず、そのように考える必要があります。

この世は物質の世界であるため、この世においては、念いが実現するまでに、多少、時間がかかります。この世では、「ある所から別《べつ》の所へ行くために、車に乗って移動《いどう》しなくてはいけない」ということがありますが、それと同じで、念いを実現するためには、この世的に、いろいろな物質や物体を使わなくてはならないのです。

霊界《れいかい》においては、たとえば「東京から名古屋《なごや》に行きたい」と念えば、念った瞬《しゅん》間《かん》に移動できます。ほんとうに一瞬《いっしゅん》です。「一念三千《いちねんさんぜん》」といいますが、天上界から地獄界まで、念えば一瞬で行けるのです。ほんとうに、怖《こわ》いほど、時間・空間に隔《へだ》たりのない世界なのです。

私は、死んだ人の写真などを見ると、その人と一秒で同通《どうつう》します。天国から地獄まで、どこでも一秒で通じます。そのため、なるべく、高級世界に還《かえ》っている霊に関心を持っていたほうがよいわけです。そういう霊が来てくれた場合には、霊示《れいじ》を受けることができます。ところが、地獄界に行っている霊に、あまり関心を持ち、同通すると、居座《いすわ》られて非常に不愉快《ふゆかい》な思いをします。その場合には、いかに関心を持たないようにするかということが大事なのです。

そういう世界が厳然《げんぜん》としてあります。

この世においても、結局は、人は自分の念いを実現します。それが善なる念いであっても、悪なる念いであっても、実現するのです。それは、天国・地獄が展《てん》開《かい》しているのと同じ理由によります。天国的な念いも実現し、地獄的な念いも実現し、どういう念いであっても実現するのです。

たとえば、「人を殺したい」と念っている人がいたら、いずれ人を殺してしまうかもしれないし、殺せなくとも、そういう犯罪《はんざい》に遭遇《そうぐう》して、自分自身が逆《ぎゃく》に殺されることになったりもします。そのように、悪い念いを持っていたら、必ず悪い結果を招《まね》き寄《よ》せるようになるのです。

みんなが「人を幸福にしたい」という念いで生きていると、事実上、そこに天国ができてきます。そういう人の数が増《ふ》えてくれば、天国が現《あらわ》れてくるのです。ところが、みんなが人の不幸を願《ねが》い、「人を不幸にしたい」と念っていたら、それが地獄なのです。そういう世界です。

念いというものは、よい念いであろうが、悪い念いであろうが、やはり実現してきます。これは霊界の真実です。

この世においては、三次元的な妨《さまた》げにより、それが、多少、鈍《にぶ》る面はあります。他人がいろいろ介在《かいざい》してきたりするため、なかなかストレートにはいかないことがあるのです。しかし、長期的な意味において、十年、二十年、三十年と時がたてば、人の念いは必ず実現してきます。

それは流れていく溶岩《ようがん》のようなものであり、だんだん固《かた》まっていきます。程度《ていど》の差や、多少の色合いの違《ちが》いはあっても、やはり、人は自分の念った方向で物事《ものごと》を実現します。よいものも悪いものも実現します。

また、人は、自分が興味《きょうみ》関心を抱《いだ》いた方向に、毎日、進んでいきます。これも間違《まちが》いのないことです。それが現実です。

したがって、発展の原理においては、まずは、それを知らなければいけません。「念いの法則《ほうそく》というものがあり、善なる念いも悪なる念いも実現する。あるいは、悪なる念いを持ったら、悪なるものを引き寄せ、善なるものを念えば、善なるものを引き寄せる」ということです。これは、霊界の法則により、必ずそうなるのです。

まず、その善悪を知り、「自分の念いは、そのように、実現する力を持っているものである」ということを知らなくてはいけません。

「愛」「知」「反省」は「発展《はってん》」のための方法

まず、自分の心をよく見て、前述《ぜんじゅつ》した愛や知や反省のことをよく念《おも》い描《えが》いたならば、そういうものの結果が、この発展《はってん》の原理のところに来ます。愛の原理、知の原理、反省の原理によって、自分をよく改《あらた》めた結果、発展の原理のほうに向かってくるのです。

愛の原理において、念いが「奪《うば》う愛」のほうに向いているときに、一生懸命《いっしょうけんめい》、念《ねん》を出すと、結局、他人も自分も不幸にする方向に行きます。知の原理においても、念いが間違った方向を向いていたら、幸福にはなれません。反省の原理においても、反省というものを知っていれば、念いは正しい方向に向きますが、無反省な人間の場合には、実際は、念いも間違ったほうに向いていきます。

したがって、「愛」「知」「反省」が上手《じょうず》にクリアできると、やはり、発展の原理のほうも正当な方向に流れていきます。

人を愛する方向で、発展はなされていきます。知の原理における、さまざまな学びも、発展に寄与《きよ》していくことになります。反省において、「人生の失敗、あるいは、自分の間違い、悩《なや》みなどを、一個一個、解決していく。そういう問題を研究し、分析《ぶんせき》し、そして答えを出していく」ということによって、また発展への道に入ります。

「愛」「知」「反省」は、どれも、「発展」の流れに入《い》るための方法でもあるのです。そういうことを通過《つうか》して発展の原理に入《はい》ると、まずは大きな間違いはないと思います。

自分の幸福が「全人類の幸福」につながる生き方を

まず、「念いは必ず実現していくのだ」ということを信じることです。十年、二十年、三十年と時がたてば、念いは必ず実現します。たとえ、この世において完結しなくとも、霊界まで通して見れば、実現するのです。

たとえば、イエス・キリストのように、この世においては、「救世主《きゅうせいしゅ》になるつもりでいたけれども、十字架《じゅうじか》にかかって死んだ」という人もいます。この世だけで切って見れば、念いは実現していないように見えます。伝道に失敗したように見えます。十二人の弟子《でし》も、結局、最後は裏切《うらぎ》って逃《に》げました。イエスをお金で売ったユダは言うまでもないことですが、そのほかの、まともな弟子でも、やはり、迫害《はくがい》を恐《おそ》れて、「私はイエスを知らない」と言って逃げたのです。

そのため、イエスの念いは、この世の肉体人生の終末《しゅうまつ》においては、一種の挫折《ざせつ》、失敗に終わったということが言えると思います。

ただ、その救世主としての願望《がんぼう》は、長い時間において、見事に達成《たっせい》されているのです。

そのように、「念いというものは、一定の時間内では成功しないこともあるけれども、長い時間の流れにおいては、ほぼ確実《かくじつ》に実現するものだ」ということを知らなくてはいけません。

そして、キリスト教においては、そういう救世主としての願望の実現もありますが、キリストの持っている、その悲劇性《ひげきせい》のようなものも、二千年間、影響《えいきょう》しているように思われます。正しい宗教《しゅうきょう》であっても、それぞれに特色があり、キリスト教においては、悲劇性、終末性のようなものが非常に強いため、やはり、その後《ご》の流れのなかでも、そういうものが数多く出てきたようにも思われるのです。

幸福の科学においても、「念いをいかに出すか。どういう方向に出すか」ということが非常に大事です。

念いは必ず実現してくるのですが、「それは、どういう念いであるのか。どういう実現であるのか。その後、どうなっていくのか」ということを、常《つね》に考えておく必要があります。「こういう念いで行動していって、大きな流れができてきたら、その後、どうなっていくのか」ということを考えなくてはいけないのです。

最終的には、やはり、「全人類の幸福」というところに念いを集める必要があります。「全人類の幸福。そして、その幸福を実現するための自分の幸福」ということです。「自分の幸福は、それが達成された暁《あかつき》に、全人類の幸福につながる幸福なのだ。自分の幸福が全人類の幸福につながる生き方を、自分はしたい」という念いであれば、その念いが実現しても、間違いはないのです。

そのように、「自分の真《しん》なる幸福が、全人類の幸福と一体化する方向で実現しますように」という念いで、やっていくことです。

その部分なしに自己《じこ》実現だけをやっていて、悪いことをしてしまう人間も跡《あと》を絶《た》ちません。この世的には成功のように見えても、そこに正しき心が入っていなければ、悪いことを実現することもあります。「お金が欲《ほ》しい」ということだけであれば、銀行強盗《ごうとう》だってできるし、詐欺《さぎ》だってできることになるわけです。

自分の幸福と全人類の幸福を一致《いっち》させる方向に志《こころざし》を立て、十年、二十年の歳《さい》月《げつ》、努力していくと、だんだんに、そちらの方向で流れが始まり、実現していきます。

ここで、いつもチェックすべきことは、「自分の幸福と全人類の幸福がつながるかどうか。自分の念いは、間違っていないかどうか。正しい方向に向いているかどうか」ということです。そうであるならば、その念いは、長く続けていったときに、必ず実現します。

その熱意と、努力と、時間の長さ、それが実現度を決めます。念いの熱意。それから、その熱意に基《もと》づいて、どれだけ努力したか。現実になされた努力は、どの程度のものか。そして、どれだけの時間、やりつづけたか。熱意、努力、時間、そういうものの総計《そうけい》において、念いは必ず実現していきます。

発展の法則《ほうそく》として、そのようなことが言えると思います。

6　四つの原理を修行課題《しゅぎょうかだい》に

本章で述《の》べた四つの原理は、すべて、私も現実に体験してきたことであり、みなさんも必ず実体験することであると思います。

幸福の原理は、実際には、これ以外にも数多くの深い教えを持っており、それは私のさまざまな著書《ちょしょ》に説《と》かれていますが、ここでは、「人間を幸福にする四つの原理」と題し、非常に分かりやすい切り口で述べてみました。

これを、伝道の切り口にしてもよいし、公案《こうあん》として、自分自身の反省や瞑想《めいそう》に使ってもよいでしょう。研修《けんしゅう》などのなかで、坐禅《ざぜん》しながら、「『奪《うば》う愛』の苦しみからの脱却《だっきゃく》」という公案について考えたり、「頭の悪さを嘆《なげ》く暇《ひま》があれば勉強を」という公案について考えたり、「反省すると悪霊《あくれい》が抜《ぬ》ける」という公案について考えてみたり、「念《おも》いは実現する」という公案について考えてみたりするのです。

こういうことによって、修行《しゅぎょう》もいちだんと進むのではないかと思います。

第4章

幸福の科学入門

――「幸福になる心のあり方」を、すべての人に

1　幸福の科学の原点

入会願書制《がんしょせい》から「多くの人々の救済《きゅうさい》」へ

幸福の科学が活動を開始してから、すでに十数年になります。その間《かん》に刊行《かんこう》された書籍《しょせき》は数百冊《すうひゃくさつ》単位になり、私が行《おこな》った説法《せっぽう》も数百回に上《のぼ》ります（発刊当時）。

そのため、新しく会員になった人から見れば、いったいどこから学びはじめたらよいのか分からず、膨大《ぼうだい》な仏法真理《ぶっぽうしんり》の大海《たいかい》のなかで泳いでいるような感じがするのではないかと思います。

そこで、本章では、「幸福の科学入門」と題し、発足《ほっそく》より十数年たった、いまの段階《だんかい》において、「幸福の科学に入るための考え方、あるいは基本的《きほんてき》な教えとは、どういうものなのか」ということについて述《の》べることにします。

自分で言うのも変ですが、教えがずいぶん膨大なので、本章の内容《ないよう》もまた、「入り口の入り口」ということになるかもしれません。ただ、少なくとも、「基本的な考え方がどの辺にあるのか」ということは分かるのではないかと思います。

当会は、いろいろな教えを積《つ》み重《かさ》ねてきましたが、でたらめにいろいろなものを出してきたわけではありません。最初のころの講演《こうえん》を振《ふ》り返ってみると、基本教義である「幸福の原理」という考え方などは、一回目の講演から出ています。そして、それ以降《いこう》、「愛の原理」など、十大原理を次々と説《と》きました（『幸福の科学の十大原理〔上・下巻〕』〔共に幸福の科学出版刊〕参照）。

会の運営のほうは、どのような構造《こうぞう》になっていたかというと、当初は、会員になるのに入会資格《しかく》を設《もう》けていました。入会を希望する人は誰《だれ》でも入《はい》れるというわけではなく、願書制《がんしょせい》のかたちをとり、当会で勉強するにふさわしい人であるかどうかを判定《はんてい》していたのです。

いたずらや、おもしろ半分で来たり、他《た》の会員の邪魔《じゃま》をしたりするようなことがないように、願書に入会の動機や基本書の感想などを書いてもらい、「きちんと真理の本を読んだ上で、『幸福の科学で修行《しゅぎょう》したい』という志《こころざし》を持っているかどうか」ということを、私自身が判定していました。

最初のころは、入会願書が百枚《まい》あったら、要するに、「会員になりたい」という人が百人ぐらい願書を出してきたら、合格率《ごうかくりつ》というか、入会を許可《きょか》した割合《わりあい》は、だいたい四割ぐらいだったと思います。

約四割が「マル」で、五割ぐらいが「三角」でした。三角とは、「入会待機《たいき》」ということです。「もう少し、本を読んで勉強したり、反省をしたりしてから、六カ月後に、もう一回、お申し込《こ》みください」というような人が三角です。こういう入会待機というものも出しました。

それから、残りの一割ぐらいが、読んでいて、どうも霊障《れいしょう》と思われる感じの人、あるいは、宗教遍歴《しゅうきょうへんれき》をしすぎて、少しおかしくなっているのではないかと思われる人です。そういう人も、霊言集《れいげんしゅう》などを読んで寄《よ》ってきたのですが、「このまま入れると、他の会員の迷惑《めいわく》になるのではないか」と感じたので、その一割ぐらいの人に関しては不合格の通知を出しました。

最初のころに入会待機になった人のなかには、その後《ご》、教団《きょうだん》の幹部《かんぶ》になった人もそうとういるので、「申《もう》し訳《わけ》なかったかな」とも思ったのですが、その人たちは、「おかげで、勉強になりましたし、慢心《まんしん》せずに済《す》みました。そのころは、職員や、先に会員になった人が、ずいぶん光り輝《かがや》いて見え、羨《うらや》ましく思いました」と、あとで言っていました。

そのように、「最初は教団をあまり大きくしないで、まず、よいものをつくりたい」という考えを持っていたのです。イメージとしては、「数千人単位ぐらいで、きっちりとした、よい団体をつくり、じわじわと一万人ぐらいまでにして、ある程度《ていど》、評判《ひょうばん》が高まり、運営の方法が固《かた》まったら、大きく広げていきたい」というように考えていました。したがって、どちらかというと、最初の三年ぐらいは抑制的《よくせいてき》な感じでやっていたのです。

ただ、それだけ抑制的にやっていても、やはり、ぐうっと押《お》し上げてくるというか、爆発的《ばくはつてき》なエネルギーが入ってきましたし、もちろん、運営のノウハウなどが身につくには時間がかかるので、その後も、運営では、けっこう苦労《くろう》しました。

個人的な事情としては、私自身も、まだまだ、基本書など、いろいろと書きたい本があり、「忙《いそが》しくなりすぎると考えをまとめることができなくなる。会員が増《ふ》えるのを抑《おさ》えてでも、まず考え方のほうをまとめておきたい」と思ったため、基本的な考え方を打ち出して、「こういう考え方に賛同《さんどう》できる人であれば、一緒《いっしょ》にやりましょう」ということにしたのです。

「霊言集を一冊ぐらい読んだだけで、考え方のきちんと固まっていない人が、『会員になりたい』と言っても、ちょっと危《あぶ》ないのではないか。会員になったとしても、ちょっと頼《たよ》りない会員になるのではないか」と思い、「教えについて誤《ご》解《かい》がないように、ある程度、本を読み、勉強してから来てください」ということにしたわけです。

宗教好《ず》きの人であっても、考えに違《ちが》いがあって、案《あん》の定《じょう》、つまずいた人も、最初のころには幾人《いくにん》かいました。「考え方のうち、大部分のところは気に入るけれども、ここだけは気に食わない」というように、考え方につまずいて、教団に入ってこられない人もいたので、用心していてよかったと思います。

ただ、宗教としては、教義を弘《ひろ》めるのが使命《しめい》なので、やはり、「多少、問題のある人が入ってきても、全体の規模《きぼ》が大きくなれば、ある程度、そういう問題を消化していけるだろう」と考え、一九九〇年代の「大乗《だいじょう》の時代」に入って、「一《いっ》切《さい》の衆生救済《しゅじょうきゅうさい》」を目標《もくひょう》として広げていきました。

海外で活動を始めたときには、「入会願書制をとって試験《しけん》をし、それに受からないと入《い》れない宗教というのは、聞いたことがない。それは宗教ではない。一人でも多く信者を増《ふ》やすのが宗教であり、だからこそ公益性《こうえきせい》があるのだ。それでは学校と同じではないか」などと言う人もいました。確《たし》かに、スタート点では、ちょっと学校のようなところがあったのは事実です。

海外の方《かた》からは、「宗教なのだから、もっとたくさん入れなければだめだ」というように勧《すす》められたのですが、それはそうかもしれません。「そのように遠慮《えんりょ》する宗教は宗教ではない。もっとしっかり入れなさい。悪い教団では、洗脳《せんのう》して、たくさん入れているのに、よい教団のほうがそんなに遠慮してどうするか。どんどん会員を入れないようでは、宗教として認《みと》めないぞ」というような感じで言われて、「それでは、入れることにします」ということになったのです。

要するに、受け入れ体制のほうが後手後手《ごて》になっていたとも言えますが、ある意味では、最初から非常に人気のある宗教だったのでしょう。

「本」から信者が広がった

私の著書《ちょしょ》は、毎年《まいとし》、実売《じつばい》では一位になることが多いのですが、取次店《とりつぎてん》などは、私の著書がトータルのベストセラーで一位にならないように、一生懸命《いっしょうけんめい》に苦労《くろう》しています。私の本の上に何冊かの本を載《の》せなければいけないので、「いかにして、ほかの本を上に持ってくるか」と、いつも頭を悩《なや》ませているようです。

いつも私の本が一位だと、大手出版社《おおてしゅっぱんしゃ》や作家などから嫉妬《しっと》されるのは事実でしょう。その嫉妬がすごいので、取次店などは、やはり、そちらの顔を立てなくてはならず、大手の何社かの本を上のほうに載せ、私の本については、「まわりが静かなときには、三、四位ぐらいに上げ、まわりがうるさくなってきたら十位ぐらいに下げる」というような操作を、いつもしていると感じているプロ筋《すじ》もいます。

実際は、ここ数年ずっと、売り上げでは私の著書が日本でナンバーワンのベストセラーなのですが、日本の国においては、そういう不当なことが公然と行われているのです。

これは、ある意味では、信教の自由がまだ確立《かくりつ》していないということだと思います。宗教が広がることが倫理《りんり》に反すると考えられているのですから。

アメリカあたりであれば、ノーマン・ビンセント・ピールやロバート・シュラーといった、ニューソート系《けい》の宗教家の本であっても、堂々《どうどう》とベストセラーの一位になり、新聞社の発表でも一位になります。

アメリカでは、むしろ宗教系の本が一位になることが多く、そういう本を、ベストセラーとして当然のように載せているので、特《とく》に差別はしていないのでしょう。

日本で、出版物《しゅっぱんぶつ》に対して、そのような取り扱《あつか》いをするのは、「宗教は信者に無理やり本を買わせている」という考えがあるからだろうと思います。

しかし、当会の場合は、最初は入会の際《さい》に絞《しぼ》りをかけていましたし、「本が売れてベストセラーになり、それによって信者が増《ふ》えた」という自負があるのです。

当会では、本が先に売れていて、実際の会員の十倍ぐらいの潜在《せんざい》会員が常《つね》にいたのです。先代《せんだい》が遺《のこ》した信者組織《そしき》でベストセラーになったわけではありません。

そのため、講演会をしても、最初のころは、会員は全体の一割から三割ぐらいで、あとは未会員でした。そういう人たちを相手に、万の規模の人数で大講演会を行《おこな》っていたのです。そういう意味では、非常に自信もあったということです。

ほかの教団では、ほんとうは売れない本を、単にまとめ買いをしているだけなので、取次店などは、そういう本をベストセラーの上位に出さないということもあるのでしょうが、私の場合は、本の売れ行きのほうが先行《せんこう》していて、あとから信者が増えてきました。しかも、予想よりも早く増えたために、「しかたなく」と言うと語弊《ごへい》がありますが、組織《そしき》をつくって、受け入れ体制を整えてきたという流れであったのです。

そういうことなので、「当会は、ほかの教団とは、ちょっと違うのではないか」と私は思っています。

ただ、運営のほうの負担《ふたん》があまり重くなりすぎると、説法《せっぽう》などをするのも少々厳《きび》しい面が出てくるので、ある程度、巡航《じゅんこう》速度で教勢《きょうせい》が増《ま》していくのがよいことかと思っています。

いまは大乗《だいじょう》のスタイルになってきているので、当初のころとは運営スタイルなどは違っていますが、当時の精神《せいしん》そのものは、いまも残っています。

私は、高みというものを、極力《きょくりょく》、忘《わす》れないようにしたいと思っています。やはり、法の高み、それから、努力研鑽《けんさん》する会員の姿《すがた》、これを原点として持っておきたいのです。そして、そのような、努力をし、修行をした人が、他の人を導《みちび》いていくというスタイルをとっていきたいと思っています。

2 「正しき心の探究《たんきゅう》」と「幸福の原理」

人間の幸・不幸を分ける「心の法則《ほうそく》」

これまで、私は講演《こうえん》や法話《ほうわ》を何百回したか分からないぐらいですが、一回も同じ話はしていません。毎回、違《ちが》う話をしています。その意味で、みなさんも学びにくくて大変でしょうが、私から言えば、これは説法《せっぽう》をする側《がわ》の良心なのです。新しい作品をつくるようなつもりで、一つひとつ丁寧《ていねい》に、新しい説法を重《かさ》ねていっているのです。

「一つ残らず勉強していただきたい」ということで、人間が悟《さと》りを得《え》て幸福になるために必要だと思われるテーマを、一つひとつ押《お》さえていっています。「これも必要だろう。あれも必要だろう」と思って、やっているのです。

その予想は当たっているようで、みなさんが、法のなかのどの教えに反応《はんのう》してくるかは、人それぞれなのです。ある本に感動する人もいれば、また別《べつ》の本に感動する人もいます。同じ本でも、違う箇所《かしょ》に反応し、違う箇所で救《すく》われます。

そのようなことがあるので、「こんなことは必要ないかな」と思いつつも、「万《まん》が一《いっ》、こういうことが救いになる人もいるかもしれない」と思って、言っておくと、それが、ぴたっと当たる人がいるのです。「まさか、こんなことは要《い》らないかな」と思っても、やはり数十人か数百人には当たる場合があります。

私の説法を聴《き》いている人たちには、「これは自分のことを個人的に言われている。自分の間違《まちが》いを指摘《してき》されている。怒《おこ》られている」と思う人が多いのです。しかし、別に、個人的に顔を知っていて怒ったりしているわけではありません。法というものは、そのように、多くの人に当たるものなのです。多くの人の心の間違いに当たって、励《はげ》ましを与《あた》えたり、人生の再建《さいけん》を呼《よ》びかけたりする内容《ないよう》になっているのです。

それは、私が、大勢《おおぜい》の人の心の動きをずっと見ながら、「普遍性《ふへんせい》のあるもの、法則性《ほうそくせい》のあるものとは何か」ということを、いつも探究《たんきゅう》しているからです。

そして、「人間の多種多様《たしゅたよう》な生き方のなかで、一定の『心の法則』というものがあり、その法則に則《のっと》って生きれば幸福になるが、その法則から外《はず》れると不幸になる」ということを、私はいろいろなかたちで説《と》いています。

「どこかで法の機縁《きえん》に接《せっ》してほしい。どこかで悟りの縁《えん》に触《ふ》れてほしい」と考えて、いろいろなことを説いているため、私の説法の内容は多岐《たき》にわたり、いろいろな分野にわたっていますが、それでいて、一本の「心の法則」は貫《つらぬ》いています。

私の思いは、いつも心の法則に向いているのです。「人間が幸福になるには法則がある。人間が不幸になるにも法則がある。その心の法則とは何であるか」ということを、あるときは、個別《こべつ》の具体的《ぐたいてき》な例から帰納的《きのうてき》に導《みちび》き出す場合もあり、あるときは、「仏《ほとけ》の心、神の心はこうなのだから、このように生きれば幸福になれる」というように、演繹的《えんえきてき》に言う場合もあります。その両方をやってきていますが、中心には心の法則があるのです。

ほんとうの意味での「正しさ」とは

そして、その心の法則のなかの、幸福になる心のあり方を、最初のころから、「正しき心の探究《たんきゅう》」と呼《よ》んできました。

正しき心の探究というものを一言《ひとこと》で言うのは難《むずか》しいのですが、私たちが求めている「正しさ」とは、結局、「大宇宙《だいうちゅう》を創《つく》っている根本仏《こんぽんぶつ》の理法《りほう》に添《そ》った心のあり方」のことを言っているのです。

この正しさのなかには、宗教《しゅうきょう》でなければ近づくことのできない、アプローチすることのできない、信仰心《しんこうしん》というものが、当然ながら含《ふく》まれています。その意味で、この正しさは、この世的な正しさとは必ずしも一致《いっち》しないかもしれません。

この世的に「正しい」と言われているもののなかには、たとえば、科学の領域《りょういき》での、いろいろな定理《ていり》や仮説《かせつ》、学説《がくせつ》などがあり、「科学的にはこうだ」と言われています。しかし、学説や仮説というものは一つの意見であって、真実性の証明《しょうめい》は必ずしも充分《じゅうぶん》にはなされていないのです。

いくら、科学者が、「人間は何万年前に生まれた」「何十万年前にこうなった」「人類は四百万年前にチンパンジーから分かれた」など、いろいろなことを言っても、私は信じていません。それを正しいとは思っていません。

ただ、学校でそのように教えている以上、学校の試験《しけん》では、それを正しい答えとするのはかまわないと思います。そういう教科書は必ずしも正しいわけではありませんが、現時点では、文部科学省《もんぶかがくしょう》から学問として認《みと》められているのでしょうから、その範囲内《はんいない》のことについては、とやかく言うつもりはありません。

当会の説いている正しさは、そういった科学の研究成果や学問の成果などと必ずしも一致するものではないのです。ただ、それをあまり強引《ごういん》に言いすぎて、学校などでトラブルが起きてもいけないので、「学校のことは学校でやり、学校外のことは学校の外でやればよい」と思っています。

かつて、イエスがコインを見て、「カエサルのものはカエサルに、神のものは神に」と言ったように、この世にはこの世の法則があるので、この世でうまく回っているものについては、あまり細《こま》かいことは言わないつもりです。

しかし、ほんとうの意味での正しさというものは、仏神《ぶっしん》の存在《そんざい》を前提《ぜんてい》とした正しさであり、霊界観《れいかいかん》を前提とした正しさなのです。その意味において、教科書には書かれていないものです。

科学といわれているものにおいては、霊の存在さえ、まだ、ほとんど実証《じっしょう》できないでいます。また、生老病死《しょうろうびょうし》の疑問《ぎもん》を解《と》くために、釈尊《しゃくそん》は二千五百年以上も前に出家《しゅっけ》しましたが、医学は、いまだに、人間が生まれてくるほんとうの理由を解《かい》明《めい》できていませんし、「死とは何か。死後の世界とは何か」ということも解明できていません。二千五百年たっても、まだ解明できていないのです。したがって、宗教の世界は、まだ根強《ねづよ》く必要性を持っていると言わざるをえないと思います。

そういう意味で、科学や医学、それから教育などにおいての正しさも、完全なものだとは私は思っていません。それについて、この世での生存《せいぞん》や生活が成り立たなくなるほど議論《ぎろん》するつもりはないのですが、ただ、やはり、信仰の世界においての正しさというものを基軸《きじく》に持っていただきたいのです。

この世で生活する上での方便《ほうべん》というものはあるでしょう。たとえば、医者のなかにも信仰心を持っている人はもちろんいるでしょうが、医術《いじゅつ》として行う範囲内では、薬を使ったり、悪い部分を切除《せつじょ》したりするような、唯物論的《ゆいぶつろんてき》なアプローチをすることがあるでしょう。それ自体は、医学の領域《りょういき》における方便として許《ゆる》されることです。ただ、根本的《こんぽんてき》な部分、魂《たましい》の部分についての認識《にんしき》が足《た》りないところについては、「足りない」と、はっきり指摘《してき》するつもりです。

これは憲法《けんぽう》や法律《ほうりつ》などについても同じです。憲法も、神がつくったわけではありません。つくったのは人間です。法律も、国会で多数決によって決まるものなので、そのときどきの政党《せいとう》の議席数によって結論《けつろん》が違います。どの政党が多数を取るかによって、結論が変わってくるものです。そういう意味で、絶対的な正しさではないのです。裁判官《さいばんかん》や弁護士《べんごし》などの法律家もいますが、彼《かれ》らの正しさも、根本的には信仰の世界の正しさとは違うものだと私は理解《りかい》しています。

ただ、当会の初期、霊言集《れいげんしゅう》の時代にも述《の》べたことですが、当会で言う正しさとは、「これしかない」というような正しさではないのです。

高級霊《こうきゅうれい》であっても、個性の違いによって、やはり意見の違いはあります。それは、いま刊行中《かんこうちゅう》の『大川隆法霊言全集』で証明《しょうめい》しているところです。

もちろん、「内容が一定以上のレベルであり、人間を幸福にする考え方の一つである」という点では、天上界《てんじょうかい》の条件《じょうけん》をクリアしているのですが、ただ、そのやり方、あるいは考え方には相違《そうい》があるということです。

どれが、より人間を幸福にするかということは、個別の人間に関して、やはり違いがあります。全体として、どれが、より正しいか、あるいは信じられるかということは、宗教の勢力を見れば分かりますが、いろいろな考えがあるということは、それだけのニーズがあるということなので、それを否定《ひてい》するわけではありません。

したがって、正しさというもののなかにも、幾《いく》つかの多元性《たげんせい》があるということは認めています。ただ、多元性がありながらも、唯一《ゆいいつ》の仏《ほとけ》の心、神の心に向かっているのだということです。そういう正しさなのです。

「幸福の原理」としての四正道《よんしょうどう》

私は、この「正しき心の探究」の具体化《ぐたいか》として、「幸福の原理」を説きました。「正しき心の探究とは、どういうことか」という問いに対しては、「それは幸福の原理の探究なのだ」ということです。幸福の原理とは、「これを中心的に追究《ついきゅう》し、努力すれば、人は幸福になれる」という原理です。そして、この幸福の原理は、独立《どくりつ》した原理ではなく、他《た》の原理をなかに包摂《ほうせつ》した考え方なのです。

そのなかの一番目が「愛の原理」、二番目が「知の原理」、三番目が「反省の原理」、四番目が「発展《はってん》の原理」です。

もちろん、それ以外の原理についても私は話をしていますし、人間を幸福にする方法はたくさんあり、溢《あふ》れてはいるのですが、幸福の原理を要約すれば、「愛」「知」「反省」「発展」の四つの原理になるのです。

これを私は「現代的四正道《げんだいてきよんしょうどう》」と呼んでいます。四正道《ししょうどう》と言ってもよいのですが、言葉の響《ひび》きがよくないので、四正道《よんしょうどう》と言っています。

「この四つを守っていきましょう。この四つの原理を常《つね》に念頭《ねんとう》に置《お》いて、正しき心の探究に努《つと》めていれば、大きく道を踏《ふ》み外《はず》すことなく、まず天上界には還《かえ》れるでしょう。それから、光の天使になるための修行《しゅぎょう》ができることになるでしょう」という趣旨《しゅし》で説いたのです。

したがって、当会の信者には、「仏性《ぶっしょう》の探究」とも言うべき「正しき心の探究」をしつつ、具体的目標《もくひょう》としては、幸福の原理である「愛・知・反省・発展」の四原理の探究を、日々、実践《じっせん》していただきたいのです。

幸福の科学の基本的な教えは何かといえば、次のようなことになります。

「幸福の科学は、信者各自に対して、正しき心の探究を求めています。そして、正しき心の探究の具体化、実践編《へん》として、幸福の原理を唱導《しょうどう》しています。その幸福の原理は四つの原理に分かれています。その四つとは、愛の原理、知の原理、反省の原理、発展の原理です。

これを守れば、幸福の科学の信者としては合格です。これを忘《わす》れずに、いつも念頭に置いて、教学《きょうがく》をし、反省や祈《いの》りをし、伝道活動等《とう》をし、あるいは、会社生活等、社会人としての生活をすれば、大きく外《はず》れることはないし、信者として、日々、精進《しょうじん》していると言えるでしょう」

こういう組み立てをしたのです。

3　愛の原理

「奪《うば》う愛」ではなく「与《あた》える愛」の実践《じっせん》を

幸福の原理の第一原理として、私は「愛の原理」を挙《あ》げました。

組み立て方はいろいろあろうかと思いますが、最初の原理は、法門《ほうもん》として、要するに、教えの入り口の幅《はば》として、広いほうがよいと考えたのです。「第一の原理としては、どんな人も参加できるような広い教えがよいだろう。広い教えとしては、やはり愛の原理がよいだろう」ということです。

頭のよい人に対しては、悟《さと》りに到《いた》るための難《むずか》しい議論《ぎろん》もよいのですが、勉強をした人ばかりがいるわけではありません。また、現実《げんじつ》に苦しんでいる人、悩《なや》みのなかにある人は、それほど理性的に悩んでいるわけではありません。みな感情で苦しんでいます。たいていは、感性的な苦しみ、感情の苦しみが中心でしょう。

したがって、「世界共通の大きな法門としての原理を取り出すならば、愛の教えがよいだろう」ということです。これがいちばん広く、すぐに入《はい》れます。しかし、低級というわけではありません。誰《だれ》でも入れるけれども、誰も卒業することのできない法門、それが愛の原理です。

愛の原理のなかには、説《と》くべきことはたくさんありますが、まず、悟りへの一転語《いってんご》として、「みなさんが愛だと思っていることは、実は『奪《うば》う愛』ではありませんか。人から貰《もら》うこと、人から取ることを愛だと思っていませんか。そうではないのです。貰うことを考えているから、苦しんでいるのではありませんか」ということを説いたのです。

そういう愛は、昔《むかし》、原始仏教が「愛」と呼《よ》んだ、執着《しゅうちゃく》としての愛です。原始仏教では、執着のことを「愛」と呼び、私が教えている「与《あた》える愛」のほうは「慈《じ》悲《ひ》」と呼んでいました。当会の愛の教えは執着のほうではなく慈悲の教えなのです。慈悲とは与えきりのものです。見返りを求めない、与えきりの心が慈悲です。「与える愛」という言い方をしていますが、これは、この世的に分かりやすくするために言った言葉です。「慈悲」と言ってもよかったのですが、言葉としては古いので、現代人《げんだいじん》にとっては理解しにくい場合もあるだろうと考え、現代的に翻訳《ほんやく》して、「与える愛」と言っているのです。「慈悲」と言うと、ちょっと分からないかもしれませんが、「与える愛」という言葉であれば、小学生や中学生でも分かるでしょう。

みなさんは、「愛」と言うと、ほとんどは、好《す》きな男性から愛されること、好きな女性から愛されること、親から愛されること、子供《こども》から愛されることなど、愛を貰うことばかりを考えるでしょう。そして、充分《じゅうぶん》に愛を貰えないので悩むのでしょう。これを解決しなければいけません。

みんな、愛が欲《ほ》しい人ばかりで、与える人がいなかったならば、この世には愛が不足してしまいます。したがって、まず愛の供給《きょうきゅう》をしなくてはいけないのです。それぞれの人が愛の供給をすれば、世の中は愛に満ちてきます。奪うことばかりを考えてはいけないのです。

愛不足《あいぶそく》の社会、奪う愛の社会は、たとえて言えば、ほとんどの人が、病人のように、病院のベッドで治療《ちりょう》を受けていて、「あそこが痛《いた》い。ここが痛い。もっとよい薬をくれ。もっと楽にしてくれ」と言っているような状態《じょうたい》なのです。みんながそのように言っているのでは困《こま》ります。もっと医者や看護師《かんごし》を増《ふ》やさなくてはいけませんし、薬ももっと出さなくてはいけません。

したがって、自分のできるところから愛を与えていきましょう。人のためになることをしましょう。自分が幸福になりたいと言う前に、人を幸福にしようとしてごらんなさい。そういう人が増えたら、悩みは自動的に解決していくのです。

みなさんの苦しみのほとんどは執着《しゅうちゃく》であるはずです。それは、「人からこうしてほしいのに、してもらえない」という苦しみであるはずです。仏教では、これを「求不得苦《ぐふとくく》」といいます。「求めても得《え》られない苦しみ」という意味です。これは、釈尊《しゃくそん》の説いた、苦しみについての教えであり、「この世では、求めても得られないものがある」ということです。

いつまでも、「こうしてほしいのに、してもらえない」というようなことばかり言っていたら、幸福な人は一人も出てきません。まず、できることからやりなさい。人に対して、与える愛を実践《じっせん》することです。そこから道が開《ひら》けるでしょう。

与える愛を実践している人は、すでに幸福への第一歩《だいいっぽ》に入っています。まず、毎日が楽しいでしょう。それから、人が喜ぶ姿《すがた》を見て、自分もうれしいでしょう。人が喜ぶ姿、人が幸福になる姿を見て、自分も幸福になれるようになったら、すでに天国への第一歩に入っているのと同じです。そういう人が死後に天国へ行くのです。

人の幸福を見て、羨《うらや》み、妬《ねた》むような人はだめです。「自分だけが幸福になればよい。人は幸福にならないほうがよい。人は不幸になったほうがよい」というのが地獄《じごく》の心です。

人の幸福を見て喜ぶ心になったら、天国へ入る条件《じょうけん》が揃《そろ》うのです。第一関門《かんもん》の愛の原理をマスターしただけでも、天国の門は充分《じゅうぶん》に開《ひら》きます。したがって、簡単《かんたん》なようで、非常に奥《おく》が深いのです。

愛には発展段階《はってんだんかい》がある

さらに、その愛の教えには幾《いく》つかの段階《だんかい》があることを、私は『太陽《たいよう》の法《ほう》』などの著書《ちょしょ》で説いています。「愛する愛」「生かす愛」「許《ゆる》す愛」「存在《そんざい》の愛」という段階です。これは、難しい哲学的《てつがくてき》な議論のように見えるかもしれませんが、必ずしもそうではありません。

最初の「愛する愛」は、自分の隣人《となりびと》への愛、隣人愛《りんじんあい》です。家族や友人など、日々、接《せっ》する人への愛です。これは、低級な愛のようであって、低級ではありません。この段階を超《こ》えられたら、みんな天国に入《はい》れるのですから、非常に大きな法門《ほうもん》です。まず、愛する愛を実践しなくてはいけないのです。

次に、天国に入れる心境《しんきょう》であることを前提《ぜんてい》に、「生かす愛」という、一段《いちだん》高い愛の教えが出てきます。これは、ちょっと厳《きび》しい面もある愛であり、智慧《ちえ》を使わなくてはいけない愛です。指導者《しどうしゃ》、導《みちび》く者としての愛です。

たとえば、教師《きょうし》の愛、学校の先生の愛は、子供を甘《あま》やかすことだけではないでしょう。もちろん、子供としては、ほめてもらえればうれしいし、優《やさ》しくしてもらえればうれしいでしょうが、人を教育する際《さい》には、それだけではいけません。

やはり、叱《しか》るべきところは叱り、直させるべきところは直させることが必要です。本人にとっては苦しくても、「いま努力しなければ、あなたには道が開けない」ということを教えてあげなくてはいけないところもあります。

そのような、智慧を使い、優しさと厳しさを兼《か》ね合わせた愛が、生かす愛です。この段階まで行けば、この世的には、けっこう立派《りっぱ》な指導者になれると思います。

その上に、「許す愛」という宗教的境地《しゅうきょうてききょうち》があります。さらに、もっともっと深い愛が出てくるのです。

自分の自我《じが》、自我のなかの自分、人とは別《べつ》の独立《どくりつ》した自分というものを考えているうちは、生かす愛ぐらいまでが限度《げんど》だと思います。

ところが、もう一段、宗教的境地が高まると、自分が自分であって自分ではないような感じがしてくるのです。「仏《ほとけ》の大きな手のひらの上に生かされている。その手の上に乗っている」という感じがしてきて、さらには、「その仏の指の一本として、この世で生きている。その指の一本として、この世で活動しているのだ」という感じが分かってきます。「自分は自分であって自分ではない。仏の使《し》命《めい》を果《は》たすために選《えら》ばれ、その一部として、この世で生きているのだ」という深い人生観が出てくるのです。

こういう深い人生観が出てくると、非常に慈悲《じひ》に溢《あふ》れた、ものの見方ができるようになります。すべての生きとし生けるものがこの世で魂修行《たましいしゅぎょう》をしている姿に、感動するようになります。

そのため、どのような悪人のなかにも、善なる光、仏性《ぶっしょう》の光が見えるようになります。「この人の心のなかにも仏性はあるのに、いまは、こういう間違《まちが》った考え方や間違った心により、間違った行為《こうい》をして苦しんでいる」ということが分かるようになるのです。

こういう心になると、罪人《つみびと》に対しても、愛の心、慈悲の心が起きてきます。

「何とかして、この人の仏性を光らせることはできないだろうか。たとえ、他《た》の人はこの人を愛することができなくても、自分は、この人のなかの仏性、仏の光を愛してあげよう」という気持ちになるのです。

それから、この世の生きとし生けるものの姿に感動します。草花たちの生きている姿にも感動し、動物たちが一生懸命《いっしょうけんめい》に生きている姿にも仏の光を感じるようになります。そして、動物たちにも魂の修行があるということが分かってきます。

動物たちも一生懸命に修行をしています。食糧《しょくりょう》を求めて知恵《ちえ》を巡《めぐ》らしたり、敵《てき》から身を護《まも》るために必死になったり、子育てに努力したり、冬の雪の日には、凍《こご》え死《じ》にしそうになりながら、なけなしの草を探《さが》したり、一生懸命に努力をし、生きていくために苦労しています。彼《かれ》らも、もう一段の魂の進化を求めて、苦労しながら努力をしているのです。

「人間への道のりは長いけれども、根本的《こんぽんてき》には同じようなものが動物のなかにも宿っているのだ。彼らのなかにも、人間と同じ喜怒哀楽《きどあいらく》の心は宿っている。『これから、長い長い転生《てんしょう》の過程《かてい》のなかで、やがて人間になっていきたい』と、みんな願《ねが》っているのだろうな」

動物たちの姿が、そのような目で見えるようになってきます。

「生きとし生けるもののなかにある、仏の生命《せいめい》が見えてくる」という、この悟《さと》りの段階が、許す愛の世界なのです。この段階に来ると、生かす愛までの段階では、まだ充分に見えていなかったものが見えてきて、許す愛の気持ちになってくるのです。

もう一つ上の「存在の愛」は如来《にょらい》の愛です。これは大きな大きな境地です。ただ、この愛については、まだあまり考えなくてもよいでしょう。まず、愛する愛、生かす愛、許す愛の実践に、一生懸命に取り組んでいけばよいと思います。

「その人の存在自体が時代精神となって世を照《て》らしていく」という、存在の愛の境地は、自分から求めるものではないかもしれません。それは、世の人々が言うこと、後世《こうせい》の人々が言うことであって、自分から求めることではないのです。

しかし、「願わくは、全生命に命《いのち》を投げかけている太陽のようになりたい。あるいは、水に飢《う》えた山川草木《さんせんそうもく》に干天《かんてん》の慈雨《じう》を降《ふ》らす雨雲《あまぐも》のような、ひび割《わ》れた大地をサーッと潤《うるお》していく、水をたっぷり含《ふく》んだ雨雲のような、そういう慈悲の塊《かたまり》になりたい」という気持ちは、存在の愛への願いです。それは、「自分の近くにいる人だけではなく、多くの人を照らしていきたい」という気持ちです。

幸福の科学も伝道活動を行《おこな》っていますが、この世的な活動には、まだまだ限界《げんかい》があり、ベストセラーを出しても届《とど》かない人がいます。講演《こうえん》をしても届かない人がいます。法話《ほうわ》のテープやCDを出しても届かない人がいます。翻訳《ほんやく》した外国語版《ばん》の本を出しても届かない人がいます。そういうたくさんの人がいます。

しかし、「できるだけ多くの人に真理を伝え、幸福になってもらいたい」という気持ちはあります。その大きな大きな仕事をしたいと私も思っていますし、幸福の科学に集《つど》っているみなさんも、そう思っていることでしょう。

その大慈悲《だいじひ》、大悲《だいひ》の心から見れば、「家族で仲《なか》よくする」「友人と仲よくする」というような愛は、確《たし》かに小さなものかもしれません。最初に述《の》べた、「身近《みぢか》な人たちを愛していく」というのは、小さなことかもしれません。しかし、その一歩から始まって、大きな大きな慈悲に成長していかなくてはならないのです。

このように、愛には発展《はってん》段階があります。

もちろん、それぞれの愛の段階には、共通したものが当然あります。愛する愛のなかにも、生かす愛は一部入っていますし、生かす愛のなかにも、愛する愛がありますし、許す愛もあるでしょう。

また、小さな存在の愛には誰《だれ》もがなっているでしょう。まずは、家庭のなかで存在の愛にならなくてはいけません。父親は父親として光り輝《かがや》き、母親は母親として光り輝き、子供は子供として光り輝くことです。そして、学校で照らし、あるいは地域《ちいき》で照らすことです。そういう小さな存在の愛は誰にでも可能性《かのうせい》があるでしょう。

各段階の愛は、それぞれ別《べつ》のものでありながら、同じものでもあるということです。それは、「愛の現《あらわ》れ方に、どういう段階の差、発現《はつげん》の差があるか」という見方であって、それぞれ、どの面も、あることはあるのです。「どの面がいちばん強いか」というだけのことなのです。

そのように、悟りの段階と愛の段階を兼《か》ね合わせた、「愛の発展段階説」というものを説きました。

愛の原理が広がれば世界は平和になる

愛の原理は、「『奪《うば》う愛』をやめて、『与《あた》える愛』に生きなさい」ということであり、これを守るだけでも天国に入《はい》れるのですから、ありがたいことです。

ただ、「与える愛」の実践《じっせん》に智慧《ちえ》が足《た》りないと、失敗することもあります。人を甘《あま》やかして堕落《だらく》させたり、悪いことをしている人をほめて、それを助長《じょちょう》したりすることも、たまにあるので、そういう局面が出てきたら、智慧を使わなければいけません。

そういう意味で、智慧を使って、ときどき、心ならずも叱《しか》らなくてはいけないときがあります。厳《きび》しい面、厳しい父親のような面を見せて、導《みちび》かなくてはいけないところもあります。そういう生かす愛も勉強しなくてはいけないでしょう。

ただ、生かす愛が強くなると、善悪の目がかなりはっきり出てきますが、善悪を分けすぎると、本来の仏の心から少し離《はな》れるところもあります。それを超《こ》えていくものは、やはり、許す愛なのです。生きとし生けるものに対する深い慈悲《じひ》の心、これで超えていけるのです。

さらには、「自分の今生《こんじょう》での数十年、あるいは百年の人生を、最大限《さいだいげん》の光として遺《のこ》したい。多くの人に光を与えたい。闇夜《やみよ》の法灯《ほうとう》のように、できるだけ光で照らしたい。港にある灯台《とうだい》の光のように、できるだけ遠くまで光を届けたい」という気持ちを持たなくてはいけません。

そういう愛の発展段階があるということを、修行者《しゅぎょうしゃ》はみな、心のなかに銘記《めいき》しておかなくてはならないのです。

しかし、現実には、最初の出発点からつまずくでしょう。「存在の愛の実践をしよう」と思っても、夫婦《ふうふ》げんかや親子げんか、きょうだいげんか、友達とのけんか、職場《しょくば》での上司《じょうし》とのぶつかり合い、同僚《どうりょう》の嫉妬《しっと》など、いろいろなものがあって、うまくいかないものです。

したがって、「この段階が終わったから、自分の修行はもう終わった」というようなものではないのです。いつも原点はここにあり、くり返しくり返し出てくるものであって、常に点検し、修行しなくてはいけないものなのです。

これが愛の原理です。ここだけでも押《お》さえていただければ、世界は平和になりますし、もう一つ、キリスト教の愛の教えに足りない部分を補《おぎな》うことができます。キリスト教では、愛の教えが説かれていながら、足りないものがあるため、争《あらそ》いが絶《た》えません。そこへ、仏教的な部分を加味《かみ》した愛の教えが入り、慈悲の教えに転化《てんか》すると、争いがやんでいくところがあります。

したがって、当会の愛の教えが世界に広がるだけでも、人類はかなり幸福になると思います。

4　知の原理

知識を実体験に生かし、智慧《ちえ》に変えていく

幸福の原理の二番目は「知の原理」です。

現代は偉大《いだい》な情報《じょうほう》社会でもあるので、みなさんの魂《たましい》の転生輪廻《てんしょうりんね》の過程《かてい》においては、今回ほど、よく勉強できる時期は、おそらくないだろうと思います。今回ほど勉強できるチャンスはないでしょう。

本も数多く出ていますし、学習教材も非常に発達していて、人々の知的レベルも最高度に高くなっています。これほどまでに、マスインテリというか、秀才《しゅうさい》が集団で大量に出てくるような時代はなかったはずです。そういう意味では、「現

代人は、昔《むかし》の時代で言えば、神のような知識を持っている。あるいは、持つチャンスが与《あた》えられている」と言えます。

こういう時期なので、ほんとうの意味での真理というものを徹底的《てっていてき》に学んでいただきたいと思います。そこで、知の原理をあえて挙《あ》げたのです。

この知の原理の内容《ないよう》は、出発点としては、もちろん、「仏法真理《ぶっぽうしんり》の知識を学ぶ」ということなのですが、同時に、「それを単に知識として得《え》るだけではなく、その知識を、悟《さと》りの実体験や伝道の実体験、あるいは、職場での実体験、生活の実体験などを踏《ふ》まえて、智慧《ちえ》に変えていく」ということなのです。

仏法真理は、知識としては幾《いく》らでも得ることは可能《かのう》であり、私は、いろいろな人に通用するように、いろいろな知識を出してありますが、そのなかで、みなさんの人生の問題集を解《と》くための知識には、やはり一定の偏《かたよ》りがあるだろうと思います。何らかの偏りがあり、特《とく》に愛のところに問題がある人もいれば、ほかのところに問題がある人もいるだろうと思います。各人の人生の問題集を解く場合には、一定の方向性があり、その中心に、必要な真理知識があると思うのです。

それを、実践《じっせん》に生かしながら体得《たいとく》していくことが大切です。自分自身で、「なるほど、こうすればよかったのか。これで迷《まよ》いは吹《ふ》っ切れるのだ。これで悩《なや》みは切れるのだ。これで解脱《げだつ》することができるのだ」という、小さな悟り、いわゆる「小悟《しょうご》」を得ることです。「小悟、限《かぎ》りなし」であり、毎日毎日、あるいは、一週間に一回か、一カ月に一回ぐらいは、何らかの悟りはあると思うので、そういう悟りを積《つ》み重《かさ》ねていくことが大事です。

そのように、真理知識、仏法《ぶっぽう》知識というもの、教学《きょうがく》というものをベースにしながら、それを自分の実体験に生かし、智慧《ちえ》に変えていくことです。

そして、自分自身の智慧になったものは、それでもって人を導《みちび》くことができます。同じような問題で悩んでいる人に対して、悟りの言葉を述《の》べ、一転語《いってんご》を与え、立ち直らせることができるようになるのです。

たとえば、自分が離婚《りこん》で苦しんでいたとします。そこからどうやって立ち直るかについて、真理を学び、経験を積み、考えて考えて考えて、「こうすればよい」ということが分かったとします。そうすると、かつての自分と同じような境遇《きょうぐう》にある人に遭遇《そうぐう》したときに、話をして、その人を支《ささ》えてあげられるようになります。そういうことがあるのです。

あるいは、「自分は、事業で失敗して苦しんだけれども、その苦しみから、真理の縁《えん》によって立ち直った」ということがあれば、同じように事業に失敗して、「自殺しようか」などと考えている人たちを、踏《ふ》みとどまらせることができます。

そういう人たちを自殺から救《すく》うのは、お金の知識だけではありません。実業で鍛《きた》えられた知識を含《ふく》めながら真理を学び、霊界《れいかい》の真相《しんそう》や人生の真相を知った人でなければ、事業に失敗して死んでいこうとする人たちを救うことはできないのです。そういう人たちを救うことは、医者にも警察官《けいさつかん》にもできません。これは、やはり宗教家《しゅうきょうか》の使命《しめい》です。宗教家が必要なのです。

したがって、自分が苦しんだことであっても、その体験が、真理の知識を手に入れた上で自分自身の光となっていれば、そういう智慧の言葉で人を導くことができます。その意味での学びを勧《すす》めているのです。

そのように、真理知識を智慧に変えていくことが大事なのです。

新しい知識に対して開《ひら》かれた体系《たいけい》を持つ宗教《しゅうきょう》

それと同時に、「知の原理がある」ということは、「古びた宗教《しゅうきょう》とならないために、知の世界、情報の世界に対して開《ひら》かれた体系《たいけい》を持っている」ということを意味しています。

私たちの宗教は、単なる古代返りの宗教ではないのです。未来《みらい》の人たちをも助けていく、救っていく宗教です。その意味で、発展《はってん》していく宗教であり、知識的にも開かれた体系を持っています。「人々を幸福にする原理であるならば、新しい知識や技術《ぎじゅつ》も次々と吸収《きゅうしゅう》していかなくてはならない」という、開かれた宗教なのです。

根本的《こんぽんてき》に、太古《たいこ》の昔《むかし》より変わらない法則《ほうそく》はあり、それをねじ曲げることはできません。しかし、この世の方便《ほうべん》として変わっていくものに関しては、よりいっそうよい考え方や、よい情報、よい知識があれば、当然、取り入れていきます。そういう知の世界に対しても開いた体系を持っているのです。

これが、幸福の科学が現代社会に対しても情報を発信し、未来についても意見を述べている根拠《こんきょ》の一つです。決して「縄文《じょうもん》時代に戻《もど》れ」と言っているわけではないのです。

真理というものは不変なので、現在においても有効《ゆうこう》です。その現在にも有効である真理は、新しい情報や新しい知識の衣装《いしょう》をまとって、新しい機能《きのう》を果《は》たすことができます。すなわち、現代人の悩みも救うことができるのです。

縄文時代であれば、「どうしたら土器《どき》をうまくつくれるか」ということが悩みだったかもしれませんが、現代における悩みは、もっと高度化したものになっているので、現代では、当然、それだけでは通用しないのです。

もちろん、専門外《せんもんがい》の問題の場合には、力及《およ》ばず、救うことができない部分もあるかもしれません。しかし、開かれた体系は持っているのです。新しい知識に対しても、それを貪欲《どんよく》に取り入れていく意欲《いよく》を持っており、閉鎖的《へいさてき》な体系ではありません。これは、そのようなカルト性のある宗教ではないということを意味しています。

当会は、学問や、マスコミ情報など、いろいろな情報に対しても開いていいます。それを入れると、普通《ふつう》は宗教の体系は崩壊《ほうかい》するので、他《た》の宗教の場合はみなクロウズド（closed）にして遮断《しゃだん》するのですが、当会は、ある程度《ていど》、開いています。それは、自信があるからでもあり、また、「間違《まちが》っているところが万一《まんいつ》あるなら、変更《へんこう》していこう。変えていこう」という気持ちがあるからでもあります。

このように、第一原理として、広い法門《ほうもん》としての愛の原理があり、次に、知の原理があるのです。

5　反省の原理

過去《かこ》の罪《つみ》を修正できる反省の力

三番目に「反省の原理」があります。

仏教的には八正道《はっしょうどう》などもありますが、これは難《むずか》しい教えかもしれません。簡単《かんたん》なものとしては、道徳的《どうとくてき》に反省を教《おそ》わったことはあるでしょうし、悪いことをしたときに、両親から「反省しなさい」と言われたことはあるでしょう。

ただ、「反省という行為《こうい》が、どれほど世界観と結《むす》びついているか」ということ、要するに、「霊界《れいかい》とこの世をつなげた世界のなかにおいて、反省は、一種の物理学的法則《ほうそく》、仏法真理的《ぶっぽうしんりてき》な物理学的法則を担《にな》っているものである」ということに気づいてほしいのです。「反省は世界を分けていくものだ」ということです。

人間は、この世に生きているあいだは盲目《もうもく》であり、分からないことが多く、失敗をたくさんします。それは仏《ほとけ》も菩薩《ぼさつ》たちもよく知っています。自分たちも、地上に生まれたら、同じように手探《てさぐ》りの人生になることは、よく知っているのです。それに対しては、彼《かれ》らは非常に深い慈悲《じひ》の心を持っています。

人間は、間違《まちが》いを犯《おか》す存在《そんざい》であり、間違いを犯す自由を与《あた》えられていますが、もちろん、間違いを修正することができるから、それが許《ゆる》されているところがあります。「間違いもするけれども、反省もできる」というようになっていて、「反省ができるから、取り返しはつくのだ」ということです。

すでに終わったことで、この世的な事実や、肉体にかかわる事実については、もう取り消しはできないかもしれませんが、心的《しんてき》事実、心のなかの事実については取り返しがつくのです。心の世界は過去《かこ》・現在・未来《みらい》を貫《つらぬ》くものだからです。

もし取り返しがつかないものなら、反省しても、しかたがありません。この世的には、花瓶《かびん》を割《わ》ってしまったら元には戻《もど》らず、いくら反省しても取り返しがつきませんが、悪を犯したことによる、その罪《つみ》は、心のなかで深く反省することにより、過去にさかのぼって消えていくのです。

心のなかの想念帯《そうねんたい》には、〝赤字〟で記《しる》された悪い事実や思いがたくさん入っています。しかし、そのような、生まれてからこのかた、ずっと記録されてきたことを、正しい仏法真理に照《て》らして、きちんと反省し、「自分は間違っていた。これは、こうすべきであった。今後は、こういうことはすまい。こういう悪い種《たね》はまくまい」と思って修正していくことによって、この赤字が、黒字ならぬ金色《きんいろ》の文字に変わっていくのです。

この世のものには、取り返しがつかないことはたくさんありますが、心のなかの事実は取り返しがつくのです。そのために反省が与えられているわけです。

過去のことについても、反省することによって取り返しはつきます。真《ま》っ当《とう》な心を持って反省すれば、赤字を全部、インク消しや修正液で消すようにして、消していけます。そういう偉大《いだい》な力が与えられているのです。

したがって、たとえ、悪いことをたくさんして、「自分は、もう、どうしようもない人間だ」と思っていたとしても、その「どうしようもない」と思ったところが出発点であり、そこから反省修行《しゅぎょう》をして自分自身を改《あらた》めていき、それが充分《じゅうぶん》なレベルまで行《い》ったならば、その過去が帳消《ちょうけ》しになるのです。

私は、『大悟《たいご》の法』の第1章「敵《てき》は自分の内にあり」のなかで、アングリマーラという凶賊《きょうぞく》の話を述《の》べました。

インドに、釈迦《しゃか》教団《きょうだん》の大きな拠点《きょてん》の一つであった祇園精舎《ぎおんしょうじゃ》の跡《あと》が遺《のこ》っていますが、そこから、そう遠くない所、一、二キロぐらい離《はな》れた所に、アングリマーラの大きな塚《つか》があります。その塚は他《た》の仏弟子《ぶつでし》たちの誰《だれ》の塚よりも大きなものです。十大弟子の塚でも、あれほど大きなものはありません。祇園精舎跡の近くにある、いちばん大きな塚です。

アングリマーラは、「百人を殺した」とも「千人を殺した」とも伝えられる殺《さつ》人鬼《じんき》でした。そのような殺人鬼が、悔《く》い改《あらた》めて釈迦教団に入り、人々に石つぶてを投げられながら托鉢《たくはつ》をし、修行を積《つ》んでいったのです。

そのような罪人《つみびと》が、自分を悔い改め、光の菩薩《ぼさつ》になっていこうとする、その血のにじむような努力に対して、人々は感動したのだと思います。だからこそ、それほど大きな塚がつくられ、二千五百年たったいまも祀《まつ》られているのでしょう。「悪からの転回《てんかい》というものに、大きな救《すく》いの力がある」ということを、人々も認《みと》めていたのでしょう。

清《きよ》く、正しく、立派《りっぱ》で、一点の非《ひ》もないような人も、多くの人を救えるかもしれません。しかし、「多くの悪を犯したけれども、それを反省し、立派に精進《しょうじん》して、自分を立て直した」という人もまた、多くの人を導《みちび》く力を持っています。

そういうことを仏教は認めているのです。「一つでも悪を犯したら、もう救われない」などということは説《と》いていません。「回心《かいしん》をして悟《さと》りの道に入ったならば、罪を犯さなかった場合よりも、もっと大きな力を得《え》ることさえできるのだ。もっと大きな導きの光を出すことさえ可能《かのう》なのだ」ということを教えています。

こういう反省の力を知っていただきたいのです。

もちろん、そのあとには祈《いの》りというものもあります。未来に関しては祈りがありましょう。自分の未来を変えていくために、正しい祈りというもののもあるでしょう。

悪霊《あくれい》が取れたときの爽快感《そうかいかん》を味わう

そのような、「反省をすることによって、どういう力が出るか」という、心の神秘《しんぴ》について、実践《じっせん》し、体験していただきたいと思います。

そのときに、長年、自分に憑依《ひょうい》していた悪霊《あくれい》がパリッと取れるのを感じる人が、おそらくいるでしょう。

悪霊は霊体《れいたい》なので、重さがないように思うかもしれませんが、悪霊はやはり重いものです。霊体は重みがないといっても、霊的感覚としては重さがあります。

それが、五年、十年、二十年と、自分に憑《つ》いているのです。なかには、両親が持っていたものを引き継《つ》いで、幼少《ようしょう》時代から背負《せお》っている場合もあります。

そのように、いつも憑いていたものが、反省をすると取れるのです。取れたときに、肩《かた》や腰《こし》や背中《せなか》が、ふっと楽になります。急にスーッと軽くなって、「重荷《おもに》が下《お》りた」という感じがします。悪霊《あくれい》が取れると、ほんとうに軽くなり、頬《ほお》に赤みが射《さ》し、温《あたた》かい光が胸《むね》にサーッと入ってきます。この感覚を味わっていただきたいのです。これは、みなさんも味わうことのできる霊体験《れいたいけん》です。

悩《なや》んで悩んで、苦しんで苦しんで、やっと真理にたどり着いた人は、おそらく悪霊の憑依現象《ひょういげんしょう》も体験しているでしょうし、現《げん》にそういうものが憑《つ》いていることが多いでしょう。そうでなければ、そんなに苦しまないはずなので、現に苦しんでいるということは、その人を夜《よ》な夜な苦しめているものが憑いているということです。その人を地獄《じごく》に引っ張《ぱ》り込《こ》もうとがんばり、悩乱《のうらん》させて喜んでいるような、悪い心を持ったものが来ているのです。

それが取れたときの爽快感《そうかいかん》。湯上がりのような、さっぱりとした感じ。顔に赤みが射し、心臓《しんぞう》が軽くなり、体全体が軽くなる感じ。これを味わっていただきたいのです。それは、十年もお風呂《ふろ》に入っていなかった人が、お風呂に入って垢《あか》を落としたような、そういうポカポカとした気分です。これは害のない霊体験なので、できれば、これを味わっていただきたいと思います。

それは、反省の最中《さいちゅう》に起きることもあれば、もちろん、私の書籍《しょせき》を読んでいるときに起きることもあります。あるいは、幸福の科学の支部《しぶ》や精舎《しょうじゃ》などで修法《しゅうほう》を行《おこな》っているとき、禅定《ぜんじょう》や瞑想《めいそう》をしたり、祈願《きがん》をしたりしているときに、パカッと取れて、軽くなることもあります。

それがどの時点で起きるかは分かりませんが、幸福の科学で活動を続けているかぎり、そういうチャンスが必ず来ます。私はそれを充分《じゅうぶん》に知った上で、いろいろな法体系《ほうたいけい》を組み、いろいろな修法を組み、講師《こうし》の指導《しどう》もしているのです。現実にそういうことが起きることを知った上でやっているわけです。したがって、どこかで転機《てんき》が訪《おとず》れ、人生が変わることでしょう。

悪いものが憑《つ》いているなら、まず、それを取らなくてはいけません。それを取らなければ、守護霊《しゅごれい》が本人に通信をしたくても、本人は耳をふさがれていて、守護霊の意見を聴《き》くことができないのです。

そういう人は、伝道され、真理の書籍を読んで、幸福の科学の支部や本部、精舎などに行こうとしても、どうしても建物に入れなかったり、いろいろなことが起きて行けなくなったりします。家族に事故《じこ》が起きたり、反対されたりして、近くまで来たのにUターンをして帰ったりするようなことが起きるのです。そういう経験をした人は、信者のなかにも数多くいることでしょう。

それは、憑いている悪霊《あくれい》が、「幸福の科学の門をくぐられたら最後だ」と思って、門をくぐらせないようにしているからです。その人が幸福の科学の教えを信じたら、悪霊は、いままで悪さをしていたのが、ばれてしまい、もう憑いていることができなくなるのです。

特《とく》に、家に家庭御本尊《かていごほんぞん》が入ったら、悪霊は、毎日、睨《にら》まれているのと同じになります。その人が、毎日、家庭御本尊の前で『仏説《ぶっせつ》・正心法語《しょうしんほうご》』を唱《とな》えると、悪霊のほうは、説教《せっきょう》をされているような感じがして、たまったものではないのです。「この人は、これを永遠に続けるのかな。死ぬまで続ける気かな。それなら、付き合いは、もうほどほどにしたい」というのが悪霊の本音《ほんね》です。

そういう意味で、宗教《しゅうきょう》においては修行《しゅぎょう》の習慣化《しゅうかんか》が大事であり、たまに行《おこな》うだけではだめなのです。

その人が、毎日、朝晩《あさばん》、御本尊の前で『仏説・正心法語』を唱え、反省や祈《いの》りをしていると、光が出てくるので、悪霊にとっては、つらいのです。これは、毎日毎日、説教をされているのと同じであり、やがて離《はな》れていかざるをえなくなります。どこかの転機において、パカッと外《はず》れます。少しずつ少しずつ剝《は》がれていくのですが、どこかの時点でパカッと取れるのです。悪霊が、もう二度と戻《もど》ってこられなくなる段階《だんかい》が来るわけです。

最初は、憑いたり離れたり、憑いたり離れたりします。そして、妨害《ぼうがい》をし、いろいろな嫌《いや》がらせをしたりします。

たとえば、ご主人が信者になり、奥《おく》さんが反対している家庭であれば、ご主人に憑いていた悪霊が、今度は奥さんのほうに入って、一生懸命《いっしょうけんめい》に反対したりします。「支部なんかに行って活動するのはやめなさい」「日曜日は庭の草むしりでもしなさい」などと言って、一生懸命に邪魔《じゃま》したりするのです。そういうことが、最初はたくさん起きます。それは、悪霊が、ご主人のほうから奥さんのほうに移《い》動《どう》して、邪魔をしているのだと思って間違いないのです。

しかし、そのうち、悪霊もだんだん弱っていきます。ご主人は、自分のほうが、まずパカッと取れたら、次は、奥さんや子供《こども》などのほうにも少しずつ伝道し、光の磁場《じば》を強くすることです。そうすると、悪霊は、いられなくなります。

これは、目には見えない仕事ですが、こういう仕事を、私は全国で、毎日毎日、一年中やっているのです。三百六十五日、私は休むときはありません。一年中、ずっと光を出しつづけています。仏《ほとけ》の世界は年中無休《ねんじゅうむきゅう》であり、休むことなく、ずっと戦っています。

したがって、信じてください。信じる人があれば、その光は出てきます。そして、悪霊と戦っています。

ほんとうは、悪霊もかわいそうな存在なのです。彼らも元は人間だったのです。まず、彼らに悪い所業《しょぎょう》をやめさせ、反省をさせることです。そして、みなさん自身の反省のほうに入ってほしいのです。「反省して光が出る人の姿《すがた》を見て、悪霊も反省してほしい」と私は願《ねが》っています。次第しだいに、そのようにしていきたいと思います。

6 発展《はってん》の原理

「この世とあの世を貫《つらぬ》く幸福」を

四番目に「発展《はってん》の原理」があります。

これは、現代社会にマッチした教えとして説《と》きました。

仏教的に言えば、仏国土建設《ぶっこくどけんせつ》、仏国土ユートピアづくりです。

この世的に言えば、「真理を学ぶ人たちに成功してほしい」ということです。

そのほうが影響力《えいきょうりょく》は大きくなります。真理を学んだ人には、守銭奴《しゅせんど》になったり、出世《しゅっせ》の鬼《おに》になったり、机《つくえ》や椅子《いす》にしがみついたりして執着《しゅうちゃく》を募《つの》らせることなく、しっかりとした成功をして、まわりの人々に対する影響力を増《ま》してほしいと思っています。

そして、「この世とあの世を貫《つらぬ》く幸福」を手にしてほしいと思っています。幸福の科学では、あの世のことをしっかりと説いているので、当会の信者の場合、「この世限《かぎ》りの成功を求める」というようなことはないでしょう。

また、「この世では不幸だが、あの世で幸福になる」という教えは、私は説いていません。「この世では、不幸になりなさい。死刑《しけい》になって、みんな殺されなさい」などとは言っていないのです。そういう宗教もありますが、私自身は、この世の幸福にも責任感《せきにんかん》を持っているのです。やはり、新しい不幸の種《たね》は、できるだけ、まきたくないと考えています。できるだけ、この世においても幸福になっていただきたいのです。

今世《こんぜ》、得《え》られた幸福は、それが他人の幸福を犠牲《ぎせい》にしたものでないかぎり、来《らい》世《せ》につながるものになるでしょう。しかし、それが人を踏《ふ》みつけにして幸福になったようなものであれば、来世の幸福にはつながらないでしょう。

他人を幸福にして、自分も幸福になったのであれば、言うことなしです。この世において、そういう意味で幸福になり、それをあの世にも持っていっていただきたいと思っています。そういうことを願《ねが》っているのです。

したがって、在家《ざいけ》の信者には、この世の仕事において、執着《しゅうちゃく》をしたり人を苦しめたりすることなく発展・繁栄《はんえい》をし、それがまた、伝道の新しい力となるようになっていただきたいのです。

また、出家者《しゅっけしゃ》にも、自分が魂《たましい》として成長する感覚、魂の成長感、成功感を、充分《じゅうぶん》に味わっていただきたいと思っています。

この世が仏《ほとけ》の国になれば、地獄《じごく》は縮小《しゅくしょう》する

そして、この世を仏国土《ぶっこくど》に変えていきたいのです。

この世が仏《ほとけ》の国になれば、それが、すなわち、地獄《じごく》の縮小《しゅくしょう》につながっていきます。地獄そのものを消そうとしても、なかなか消せるものではないので、まず、地獄への供給源《きょうきゅうげん》、地獄霊の供給源を断《た》たなければいけません。それには、この世が仏国土になることです。そうすると、地獄霊の供給が止《と》まります。そして、地獄にいる人たちも、だんだん、反省をして順番に上がっていったら、地獄霊は数が減《へ》っていくのです。

したがって、まずは、ここを止めなくてはいけません。「新しい供給源がたくさんある」というのでは、「救《すく》っても救っても、増《ふ》えてくる」という感じで、いたちごっこになります。やはり、この世自体を仏国土に変えていく必要があるのです。

できれば、「多くの人が真理を学び、正しき心の探究《たんきゅう》をし、幸福の原理をみんなで求めていく」という社会に変えていきたいと思います。

7 「愛」と「悟《さと》り」と「ユートピア建設《けんせつ》」

「正しき心の探究《たんきゅう》」と、その具体化《ぐたいか》である、「幸福の原理」としての四正道《よんしょうどう》が、幸福の科学の基本教義《きほんきょうぎ》です。

そして、私が説《と》いている教えをつぶさに見たならば、主《しゅ》として、「愛」と「悟《さと》り」と「ユートピア建設《けんせつ》」という三つをテーマに、いろいろな教えを説いていることが分かるでしょう。教学《きょうがく》としては、「愛」「悟り」「ユートピア建設」の三つを核《かく》にして、いろいろなことを説いているのです。

愛についての教えもいろいろ説いています。愛のところを強く説けば、キリスト教系《けい》の人たちも惹《ひ》かれてきます。また、悟りを求める方法についても説いています。悟りを説けば、仏教系の人も惹かれてきます。それから、ユートピア建設のところを強く説けば、現代のビジネス世界で生きている人たち、家庭を発展《はってん》させようとしている人たち、現代社会で幸福になりたい人たちも、智慧《ちえ》を学びに来ます。そのようになっているのです。

常《つね》に新しく、そして、古きも新しきも未来《みらい》も、すべてを包《つつ》み込《こ》むような大きな思想として、勝利していきたいと思っています。

本章が今日的《こんにちてき》な幸福の科学入門の話となれば幸《さいわ》いです。

第5章

太陽《たいよう》の時代の到来《とうらい》を信じて

――『太陽の法《ほう》』が導《みちび》く未来《みらい》社会へ

1　太陽《たいよう》の時代とは

私の著書《ちょしょ》『太陽《たいよう》の法《ほう》』は、幸福の科学の発足《ほっそく》以来の主導的《しゅどうてき》原理を明らかにした本です。草創期《そうそうき》に書き下ろした、この一冊《いっさつ》の書物《しょもつ》が、幸福の科学の輪郭《りんかく》と高みと方向を、すべて指《さ》し示《しめ》しているのではないかと思います。

私は、当会の基本書中《きほんしょ》の基本書である『太陽の法』を、できるだけ多くの人に知っていただき、その内容《ないよう》を味わっていただきたいと願《ねが》っています。そして、これから来る時代の聖典《せいてん》として、いま生きている人々、および、のちに来る人々に、読みつづけていただきたいと思っています。

この『太陽の法』の語る仏法真理《ぶっぽうしんり》、『太陽の法』の価値観《かちかん》が、世に広がり、そして主導的になる未来《みらい》社会のことを、私は「太陽の時代」と呼《よ》びたいと思います。

それは、はるかなる昔《むかし》、南太平洋に栄《さか》えたムーの国にも、かたちは違《ちが》えども説《と》かれた法でした。

2　信仰《しんこう》を背骨《せぼね》とする世界を

宇宙《うちゅう》を創《つく》った「根本仏《こんぽんぶつ》」の眼差《まなざ》し

それでは、偉大《いだい》なる太陽を象徴《しょうちょう》として見立てた法とは、いったい、どういうものでしょうか。太陽のごとく人類を照《て》らそうとしている、その法の価値基準《きじゅん》とは、いったい何でしょうか。それは幾《いく》つかに要約《ようやく》することができます。

まず、何よりも大事なことは、「信仰《しんこう》というものを一本の背骨《せぼね》とする国および世界をつくりたい」ということです。

現代《げんだい》の世界は、非常に物質文明の進化した時代であり、非常に便利な時代です。その便利さを否定《ひてい》し、「原始時代に返れ」と言うつもりは、毛頭《もうとう》ありません。ただ、その便利な物質文明のなかにおいて、決して忘《わす》れてはならないものがあるのです。それは「信仰」です。

この宇宙《うちゅう》の根本《こんぽん》原理を見失《みうしな》って、枝葉末節《しようまっせつ》のなかに生きているときに、人は方向を見失い、間違《まちが》いを犯《おか》します。一人や二人の間違いなら許《ゆる》されることであっても、多くの人々が間違った方向にそれていったときには、やがて、大きな反作用《はんさよう》がやってきます。何億、何十億の人々が、大きな流れにおいて間違いを犯さないようにするために必要な、根本的なるもの、それが信仰なのです。

この宇宙は、どこまで見渡《みわた》しても、真空《しんくう》のなかに、小さな点にしか見えない星のきらめく世界です。しかし、まったく無生物《むせいぶつ》の世界ではありません。この宇宙のなかにあって生きているものたちがおり、それを慈愛《じあい》の眼《め》でもって眺《なが》めている大きな存在《そんざい》があります。

それは、『太陽の法』のなかの宇宙創世《そうせい》の歴史に語られているとおりです。まず、念《おも》いがあったのです。「かくあれ」という念いがあったのです。その念いなくして、物質的にのみビッグバンが起きたわけではありません。結果としての化学反応《はんのう》は、いろいろと説明することは可能《かのう》です。しかし、まず念いがあったのです。念いによって、この現象《げんしょう》世界ができたのです。念いが一点に凝集《ぎょうしゅう》したときに、それが物質となり、物体となり、この三次元世界に顕《あらわ》れてきたのです。

親なくして子がないように、念いなくして宇宙もないのです。宇宙が創《つく》られたのは、そこに、進化する生命《せいめい》たちをはぐくもうとする念いがあったからです。この親なる念いを、「根本仏《こんぽんぶつ》の念い」と言ってもよいでしょう。

それは、はるかにはるかに遠い世界から投げかけられた眼差《まなざ》しです。その眼には、地上の人間には広大無辺《こうだいむへん》に見える三次元宇宙でさえ、小さな小さな水滴《すいてき》の塊《かたまり》のようにしか見えません。そういう眼差しで観《み》ている眼があるのです。

そのことを信じなさい。そして、「根本仏が、自分の念いを伝えるために、数多くの光の指導霊《しどうれい》、天使たちを創り、人類をはじめとする多くのものたちを導《みちび》きつづけてきた」ということを信じなさい。それが、あなたがたが間違った方向に行かないために、どうしても必要なことなのです。

あの世とこの世は影響《えいきょう》し合っている

どのように科学技術《ぎじゅつ》が進んだとしても、超《こ》えられない一線があります。それは、「宇宙を創っている法則《ほうそく》そのものを変えることはできない」ということです。人間が何を発明し、どのように工夫《くふう》しようとも、法則そのものをねじ曲げることはできません。この法則は根本《こんぽん》の念《おも》いからできているからです。

それは、三次元空間における物理法則だけを言っているのではありません。人間が生きていく上でも法則はあります。その法則とは、「人間は、肉体を持って生きているだけではなく、この三次元世界を超えた世界を本来の住みかとし、魂《たましい》の修行《しゅぎょう》のために、この地上に生まれてくる」というものです。

それは人間だけではありません。動物や植物もそうです。この世を去った天上《てんじょう》界《かい》には草花も咲《さ》いています。いまはもう地上にない、大昔《おおむかし》に咲いていた花もあります。いまは死に絶《た》えた動物たちも、地上を去った世界には、まだ生きています。その世界こそが本来の世界なのです。

これは、動かすことのできない法則です。この世に根拠《こんきょ》を持って考えれば、そして、科学技術万能《ばんのう》の考え方からすれば、一見《いっけん》、理解不能《りかいふのう》に思えるかもしれません。学校で教《おそ》わることは決してないでしょう。しかし、知らないからといって、それが「ない」ということにはなりません。あるものはあります。厳然《げんぜん》としてあるのです。

そういう二重構造《こうぞう》の世界のなかに生きているのだということを、忘れてはなりません。しかも、霊界《れいかい》とこの世は、まったく別《べつ》のものではなく、重《かさ》なり合った世界であり、相互《そうご》に影響《えいきょう》し合っています。

最近では、医学的に、臨死《りんし》体験というものを通じて、「あの世があるか、ないか」という議論《ぎろん》に参加している人もいます。そして、「臨死体験で出てくる世界は、たとえば、草花が咲き乱《みだ》れている世界や、昔の世界のようなものばかりである。だから、それは、脳《のう》のなかの何かの物質が反応して、そういうものが見えているにすぎないのだ。ほんとうに、あの世というものがあるのならば、そんなに大昔の姿《すがた》であるはずがない。あの世が現代的な世界であったという話を聞いたことはないから、あの世はないであろう」などと言っている人がいます。

しかし、それは間違いです。あの世もまた、この世と同時に変化しています。現代の人が亡《な》くなれば、その人が生きていたときと同じような生活様式が、あの世にも現《あらわ》れています。現代において、あの世の世界を見てきた人は、数百年前、あるいは千数百年前の臨死体験の報告にあるような、古代の世界を見たわけではありません。いまは、極《きわ》めて現代的なあの世というものができています。天国も地獄《じごく》も変わってきています。都会も現れています。

この世にあるものはほとんどすべて、似《に》たようなかたちで、想念《そうねん》の世界において現実化《げんじつか》してきています。多くの人々が「それがあってほしい」と思うと、そのようなものが出てくるのです。それが、あの世の世界です。

多くの人々が「乗り物が欲《ほ》しい」と思えば、それがあるかのように現れてきます。電車も飛行機も現れてきます。あの世に現実に金属《きんぞく》があるわけではないのですが、そのように現れてくるのです。「地上の楽園」のようなものを望《のぞ》めば、現代における最高のテーマパークのようなものや美しい公園のようなものが現れてきます。それは古代の様相《ようそう》ではありません。現代の地上にあるものと極めてよく似たものが出てきます。

「臨死体験では、必ず古代返《こだいがえ》りをして、大昔の世界ばかりが出てくるから、あの世は信じられない」と言う人がいますが、そんなことはないのです。すでに、現代的なあの世が始まっています。時代はほとんどずれていません。

古代のままで時間が止《と》まっている人々の世界もありますが、現代の人々に対しては、現代の人々に分かるようなかたちで、あの世での指導が行《おこな》われています。方便《ほうべん》として、そういう現代的な生活も展開《てんかい》されているのです。

あの世には学校も病院もあります。この世にあるように存在します。そういう所で仕事をしている人も数多くいます。その内容も日進月歩《にっしんげっぽ》で、次々と変わっています。昔であれば、霊界の学校に外国人はいなかったでしょうが、いまの霊界の学校には、外国の人たちも数多く学びに来ています。

そのように、あの世は地上と同じように変化しているのです。

みなさんは、そのような大きな世界のなかで、また、長い長い転生輪廻《てんしょうりんね》のなかで、生きているわけです。

したがって、「地上での数十年の人生」という有限《ゆうげん》の物差しで、時間と空間を考えてはなりません。視野《しや》を大きく広げなさい。霊界をも含《ふく》む大宇宙を創《つく》った根本的存在を信じなさい。そして、その代理人となって人々を導いている人たちを信じなさい。そういう信仰というものを、まず基礎《きそ》に持ちなさい。そう言いたいのです。

このことは、これからも、ほんとうに力を尽《つ》くして広げていかなければなりません。もちろん、全世界にです。

しかし、この日本においては特《とく》に、唯物論的《ゆいぶつろんてき》な勢力が強く、「あの世」や「信仰」という言葉を聞くと、六割《わり》、七割の人が笑《わら》うような現状《げんじょう》があります。こういう無知なる勢力とも戦わねばなりません。

それは、戦いのための戦いではなく、愛のための戦いです。真実のための戦いです。真実を知らないために、誤《あやま》った人生を生き、その後《ご》、その何倍、何十倍の時間を苦しんでいる人々が、数多くいるからです。何事《なにごと》においても言えることですが、早く知れば、間違いは少なくて済《す》むのです。

3　愛に生きる

幸福になるための「観《かん》の転回《てんかい》」

太陽の時代における、あるべき姿《すがた》とは、まず「信仰」を持つことであり、さらに、「愛」に生きることです。愛のある世界をつくらなければなりません。これは、二千年前のイエスの時代にだけ言われたことではないのです。

根本的に、仏《ほとけ》や神といわれる偉大《いだい》なる存在《そんざい》が持っているものは、愛あるいは慈《じ》悲《ひ》の心です。その心が人々を生かし、導《みちび》いています。したがって、仏の子である人間もまた、愛、慈悲に生きなくてはいけないのです。

ただ、ここで間違えやすいことは、愛というものを、多くの小説などにあるような、奪《うば》うもの、「奪う愛」として考えることです。愛というものを、「人から貰《もら》えば、奪えば、幸福になるが、貰うことができなければ、不幸になる」というように理解し、「いかに自分が愛されるか。いかに自分が貰えるか。いかに自分が人からしてもらえるか」ということばかりを考えている人が数多くいます。

そして、欲《ほ》しい人ばかりで、自分から差し出す人がいません。そういう世の中です。お互《たが》いに助け合うことさえできれば、幸福に生きることができるのに、奪い合うばかりで、幸福になれないのです。残念な世の中です。観《かん》の転回《てんかい》、思いの転回さえなせば、幸福になれるのです。

愛に生きることが、仏《ほとけ》の子であることの証明《しょうめい》

愛とは、人から奪うことではなく、人に与《あた》えることとです。それは、人間がそもそも仏《ほとけ》の子であり神の子であることに根本《こんぽん》があります。仏や神は愛と慈悲に生きています。したがって、「愛に生きる」ということが、仏の子であり神の子であることの証明《しょうめい》なのです。それは与えきりの世界です。ちょうど、あの太陽のように、一円も取らずに与えきりなのです。

常《つね》に、人のためによかれと思う生き方をしなさい。常に、人々に与えなさい。「自分が何をしてもらえるか」ということではなく、「自分が何をしてあげられるか」ということを、心に思い描《えが》くことです。そこに地上天国が現れてきます。

愛のなかには、難《むずか》しい理論《りろん》がたくさんあります。しかし、いちばん簡単《かんたん》なことが、いちばん大事なことなのです。

「奪う愛」は、仏教で言う「執着《しゅうちゃく》」、とらわれにしかすぎません。「奪う愛」ではなく、「与える愛」なのです。「人をいかに愛したか」ということです。「自分がいかに愛されなかったか」ということを考えるのではなく、「自分がいかに人を愛して生きてきたか。あるいは、これから生きていこうとするのか」ということを考えることです。

それが、来《きた》るべきユートピアの原動力になるのです。

４　悟《さと》りを高める

心こそ魂《たましい》の本質

「愛」という基本《きほん》原理について語りましたが、もう一つ、どうしても知っていただきたいことは、「悟《さと》り」ということです。

悟りというと、その仏教的な響《ひび》きにとらわれて、「宗教《しゅうきょう》のなかの一つの考え方だ」と思う人もいるかもしれません。しかし、悟りは、やはり大事です。

悟りというものを簡単《かんたん》に言えば、「人間は単なる肉体ではない。肉体に宿り、肉体を支配している、魂《たましい》、心というものがあるのだ」ということです。

仏教を、無神論《むしんろん》や唯物論《ゆいぶつろん》、あるいは無霊魂説《むれいこんせつ》のように捉《とら》える人もいますが、そういう人も、「仏教は人間に心がないと説《と》いている」と考えているわけではないでしょう。「仏教は無我説《むがせつ》である。無我だから魂はない」などと言っている人も、「心はない」とは言えないでしょう。その心なるものこそが、実は魂の本質の部分なのです。

あの世に持って還《かえ》れるものは、その心だけです。魂というものを、三次元的に固形化したもの、固定化したものと考えるから間違うのです。「あなたは自由にいろいろなことを考えるでしょう。その考えだけが、あなたの姿になって、来世《らいせ》に存続《そんぞく》するのです。その考える姿、考える機能《きのう》だけが、あの世へ行くのです」ということです。

魂は、あの世でも、まだ人間的記憶《きおく》を持っているあいだは、人間のような姿をとりますが、人間的記憶が薄《うす》れていくと、そういう姿をとらなくなります。考えとしてのみ、思いとしてのみ存在するようになるのです。

人間は、ぜんまい仕掛《じか》けのおもちゃのような存在であるならば、何も考えず、もともと予定されたとおりにしか動かないでしょう。しかし、実際はそうではありません。人間は、さまざまに考えることができます。どのように選《えら》ぶこともできます。自分で考え方を決めることができます。思いにおいて自由自在《じゆうじざい》です。自由自在に思いを変え、決める力、それが人間の本質なのです。

その本質が、肉体が滅《ほろ》びたあとも、あの世に存続しているのです。「考えや思いは遺《のこ》るのだ」ということです。

「魂」という言い方をすると、現代では、受け入れない人もいます。しかし、過去《かこ》、何百年前、何千年前に亡《な》くなった人であっても、その人が行《おこな》った偉大《いだい》な行為《こうい》に伴《ともな》う思いは、偉大なる大霊界《だいれいかい》において存続しています。崇高《すうこう》な行為をした人の、その魂の輝《かがや》きと思いは、いまだに遺っていて、多くの人に影響《えいきょう》を与えつづけているのです。

たとえば、イエス・キリストという人が三十三年の人生を生きました。彼《かれ》の活動は、肉体を失《うしな》ったときに終わったのかといえば、そうではなく、その思いは、いまも活動しつづけているのです。

釈尊《しゃくそん》は二千五百年前に亡くなりました。現代の日本人から見れば、釈尊は縄文《じょうもん》時代の人であり、「縄文時代の人に、どれほどのことが言えるであろうか」と思う人もいるでしょう。しかし、その慈悲と悟りの心は、いまも遺っています。

それが霊界の神秘《しんぴ》です。

そのように、人間は霊的存在であり、心が自分であると思うこと、それも、迷《まよ》いの心ではなく本質的な心を自分だと思うことが大事なのです。そうした自己観の転換《てんかん》が必要です。自分についての見方を転換し、自分というものを違った観点《かんてん》から見なければいけないのです。

悟りを高めることは、よりよき未来設計《みらいせっけい》でもある

さまざまな教えに説かれているように、その心は、「いかにして仏に近づいていくか」ということにおいて努力し、修行《しゅぎょう》することによって、高度化し、純化《じゅんか》され、輝きを増《ま》すようになります。

そして、その心の到達度《とうたつど》は、この世に生きている人間でありながら、死後に行くあの世の世界とまったく同じなのです。この世において菩薩《ぼさつ》の心を持って生き

た人が、死後に行く世界は、菩薩の世界です。それ以外の世界ではありません。天国に行くか地獄《じごく》に行くかというのは、死んでから分かることではなく、生きているうちに分かることなのです。

みなさんが、毎日毎日、考えていること、あるいは、この一年、この十年、考えつづけていることは、どのようなことでしょうか。その思いの程度《ていど》を見れば、みなさんは、どの世界の住人となるのか、あるいは、もともと、どの世界の住人であったのかということが分かります。

したがって、「悟りを高める」ということは、よりよき未来設計《みらいせっけい》そのものでもあります。来《きた》るべき自分の人生を決めることであるし、自分の本来の使命《しめい》を悟ることでもあるのです。それは非常に大事なことです。

「愛を与える」という実践《じっせん》の原理と、「自分自身を知る。自分自身の本質を知り、それを高める」という向上の原理を、大事にしなくてはなりません。

5　地上をユートピアに

仏の偉大《いだい》なる計画とは

人類は、「愛」と「悟り」という二つの大きな武器《ぶき》を持って、この地上をユートピアにしていく必要があります。それは物質的なユートピアではありません。

私は、この世の利便性《りべんせい》を否定《ひてい》するつもりは決してありませんし、食べ物や着る物、住居《じゅうきょ》、その他《た》のものを否定する気もありません。そういうものもまた、人間の幸福感に寄与《きよ》するものであることは、充分《じゅうぶん》に理解しています。しかし、主《しゅ》と従《じゅう》とを間違えてはいけないのです。「心の修行のために生きているのだ」という、主なるものを忘《わす》れてはいけません。そういう心の修行の便益《べんえき》のために、この世的な、さまざまな文明の恩恵《おんけい》があるのです。この主と従を間違わないことです。

結局、どのような生活形態《けいたい》、社会形態のなかにおいても、人々が愛と悟りを求めて生きていけるような、そういう心の社会を建設《けんせつ》していくことが大事なのです。

私たちが求めているユートピアは、目に見える姿でのユートピアでは必ずしもありません。「こういう建物があり、こういう道路があり、こういう政治理念《りねん》、経済理念で、こういう形態で生活すれば、それがユートピアである」というようなものではありません。そういうものは、さまざまに変化するものです。

人々が、変化するもののなかにあって、変化しない方向性を知り、向かうべき方向を知り、その高みを知ること、そして、この地上世界を、菩薩《ぼさつ》や如来《にょらい》の世界、天使の世界に近づけていくことが大切なのです。この修行のために、大勢《おおぜい》の人々が、長い長い年月、この世において魂《たましい》修行をしているのです。

これが仏の偉大《いだい》なる計画なのです。

多くの人々を救《すく》うためにこそ、伝道活動を

こういう話は、学校や実社会で勉強した知識だけから見れば、荒唐無稽《こうとうむけい》にも思えるかもしれません。しかし、この世を去って、あの世の世界へ旅立ったときに、それが百パーセント真実であったということを、みなさんは一人残らず知ることになります。

「それは死んでから分かることであるから、そのときに知ればよいではないか」と言う人もいるかもしれません。しかし、一日も早く知っておくことが、みなさん一人ひとりにとっても、他の人々にとっても、よいことなのです。

この世で共《とも》に生きている人々が、仮《かり》にも、地獄といわれる暗い世界で何百年も苦しまなくても済むように、助けていきたいものです。同じ世界で、同じような情報《じょうほう》を共有しながら生きているのに、なぜか間違いを犯《おか》す人が出てくるのです。

間違った生き方というものは厳然《げんぜん》としてあります。それを教え、助けてあげる必要があります。それは、あの世の天使の仕事でもありますが、やはり、この世に生きているうちに教えてあげるべきだと思います。

ユートピアづくりの大きな原動力は、また、伝道の力でもあります。伝道は愛です。それを忘れてはいけません。多くの人々を救《すく》うためにこそ、伝道活動が必要なのです。

その意味において、一人でも多くの人に真理を伝える必要がありますし、一人でも多くの人に私たちの仲間《なかま》になっていただきたいと考えています。

まだまだ、信じる人の力が弱いように思います。もっともっと多くの人が信じるようになれば、ある水準《すいじゅん》を超《こ》えたときに、ほとんどの人がそれを真理だと思う瞬間《しゅんかん》が来るのです。

その日が一日も早く来ることを願いつつ、『太陽の法』という一冊の本が、一人でも多くの人の手に届《とど》くように、そして、まだ真理に出会っていない人たちの導きとなり、彼らにとって、真実の世界が開《ひら》かれ、目から鱗《うろこ》が落ち、仏の子としての新しい人生が始まるように、祈《いの》りたいと思います。

あとがき

さて、この本をお読みになって、いかなる感想を持たれたであろうか。

いままで、いろいろな角度から仏法真理《ぶっぽうしんり》を説《と》いてきたが、真《ま》っ向《こう》から、幸福の科学入門を目指《めざ》した基本法《きほんほう》は、まさしく本書が初めてであろう。

私は、この法シリーズを続々と書きつづけていくつもりだ。実は、著者《ちょしゃ》の現時点での予測《よそく》としては、最初の折り返し点が、この第八巻だ。ここで、私の考えの基本を再整理《さいせいり》し、再構築《さいこうちく》したい。それがほんとうの狙《ねら》いである。

だが、本書自体にも、かなり多くの人々の心を救済《きゅうさい》する力があると思う。

かつて二千五百年前に、インドのゴータマ・シッダールタ、釈尊《しゃくそん》が説いた八正道《はっしょうどう》は、現代人《げんだいじん》には難《むずか》しくて、もう、はるか彼方《かなた》のことと思われていよう。

そこで私は、現代人にふさわしい、分かりやすい新しい道を探《さが》した。そして、四つの柱から成り立っている現代的四正道《げんだいてきよんしょうどう》である「幸福の原理」を説いた。第一原理「愛の原理」、第二原理「知の原理」、第三原理「反省の原理」、第四原理「発展《はってん》の原理」というかたちで、新しい取り組み方を示《しめ》したのだ。

おそらく、この四本柱、四つの原理をマスターして生きることができれば、あなたがたの未来《みらい》は、今世《こんぜ》においても、来世《らいせ》においても、充分《じゅうぶん》、光り輝《かがや》いたものになるであろう。

「愛」という言葉は簡単《かんたん》ではあるが、本来の意味における「愛」、仏陀《ぶっだ》の説く「慈悲《じひ》」という意味における「愛」を、いまの時代に再現《さいげん》することは、とても大変なことであると感じた。

また、情報社会《じょうほう》が限《かぎ》りなく発展する現代において、宗教《しゅうきょう》として、あえて、知の原理を説いた。このなかには、もちろん、私の本来願《ねが》っている「仏法真理」という意味合いが入っている。しかし、それ以外の、いわゆる一般的《いっぱんてき》な知の世界の原理をも射程《しゃてい》には収《おさ》めている。限りなく広がっていく学問の世界、情報の世界をも、じっと見据《みす》えた原理である。この教えの現代性を、きっちりと見極《みきわ》めていただきたい。

反省の原理は、「仏教《ぶっきょう》やキリスト教が何を教えんとしたか」といった、宗教の根本《こんぽん》原理に立ち戻《もど》る教えである。もっともっと奥《おく》を学びたい方には、他《た》の書籍《しょせき》や、幸福の科学のなかでの研修《けんしゅう》をお勧《すす》めする。

発展の原理には、「これが宗教の内容《ないよう》か」と驚《おどろ》かれる現代性、未来性がある。これこそ、当会の一つの特徴《とくちょう》とも言える。しかも、単に未来原理とするのみではなく、ギリシャ的精神《せいしん》から逆照射《ぎゃくしょうしゃ》して、人間の生きるべきユートピア建設《けんせつ》への道を説いたのが、この発展の原理なのだ。これを説くことによって、「いま行《ゆ》き詰《づ》まり感のある仏教やキリスト教、イスラム教などの未来が、どのようにあるべきか」ということさえ、指《さ》し示《しめ》していると考えてよい。

今回、このような基本書中の基本書とも言える本を上梓《じょうし》することができて、一つの安堵感《あんどかん》を感じている。多くの人々の学びになれば幸《さいわ》いである。

さて、この法シリーズの第九巻として、次には『神秘《しんぴ》の法《ほう》』の刊行《かんこう》を企画《きかく》している。限りなく神秘的な霊的《れいてき》世界の真実をお伝えするつもりである。一年ほど待っていただければ、ご期待にお応《こた》えできるはずである。

二〇〇三年　十二月

幸福《こうふく》の科学《かがく》グループ創始者《そうししゃ》兼総裁《けんそうさい》　大川隆法《おおかわりゅうほう》

本書は左記の法話をとりまとめたものです。

第1章　不幸であることをやめるには

二〇〇一年三月七日説法
東京都・幸福の科学総合本部にて

第2章　ワン・ポイント・アップの仕事術

一九九七年二月十六日説法
幸福の科学　特別説法堂にて

第3章　人間を幸福にする四つの原理

一九九六年十月十六日説法
幸福の科学　特別説法堂にて

第4章　幸福の科学入門

二〇〇一年六月三十日説法
東京都・幸福の科学総合本部にて

第5章　太陽の時代の到来を信じて

二〇〇〇年四月十五日説法
東京都・幸福の科学総合本部にて

『幸福の法』関連書籍

『太陽の法』（大川隆法 著　幸福の科学出版刊）
『黄金の法』（同右）
『大悟の法』（同右）
『奇跡の法』（同右）
『幸福の科学の十大原理（上・下巻）』（同右）

※左記は書店では取り扱っておりません。最寄りの精舎・支部・拠点までお問い合わせください。
『大川隆法霊言全集』（大川隆法 著　宗教法人幸福の科学刊）

幸福《こうふく》の法《ほう》——人間を幸福にする四つの原理——

2004年1月7日　初版第1刷
2025年2月5日　第47刷

著　者　大《おお》川《かわ》隆《りゅう》法《ほう》

発行所　幸福の科学出版株式会社
〒107-0052 東京都港区赤坂2丁目10番8号
TEL(03)5573-7700
https://www.irhpress.co.jp/

印刷・製本　株式会社 堀内印刷所

落丁・乱丁本はおとりかえいたします

ISBN978-4-87688-521-3 C0014
装丁・イラスト・写真©幸福の科学

大川隆法ベストセラーズ・法シリーズ

太陽の法

法シリーズ 第1巻

エル・カンターレへの道

創世記や愛の段階、悟りの構造、文明の流転等を明快に説き、主エル・カンターレの真実の使命を示した、仏法真理の基本書。25言語で発刊され、世界中で愛読されている大ベストセラー。

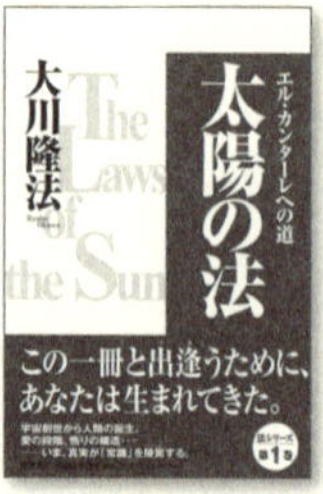

2,200円

永遠の法

法シリーズ 第3巻

エル・カンターレの世界観

すべての人が死後に旅立つ、あの世の世界。天国と地獄をはじめ、その様子を明確に解き明かした、霊界ガイドブックの決定版。

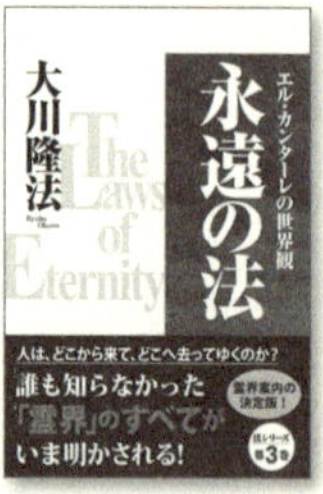

2,200円

成功の法

法シリーズ 第9巻

真のエリートを目指して

愛なき成功者は、真の意味の成功者ではない。個人と組織の普遍の成功法則を示し、現代人への導きの光となる、勇気と希望の書。

1,980円

地獄の法

法シリーズ 第29巻

あなたの死後を決める「心の善悪」

どんな生き方が、死後、天国・地獄を分けるのかを明確に示した、姿を変えた『救世の法』。現代に降ろされた「救いの糸」を、あなたはつかみ取れるか。

2,200円

※表示価格は税込10%です。

大川隆法ベストセラーズ・幸福な運命を拓くために

希望の法

法シリーズ 第11巻

光は、ここにある

希望実現の法則、鬱《うつ》からの脱出法、常勝の理論などを説き、すべての人の手に幸福と成功をもたらす、希望という名の愛をあなたに。

1,980 円

自も他も生かす人生

あなたの悩みを解決する「心」と「知性」の磨き方

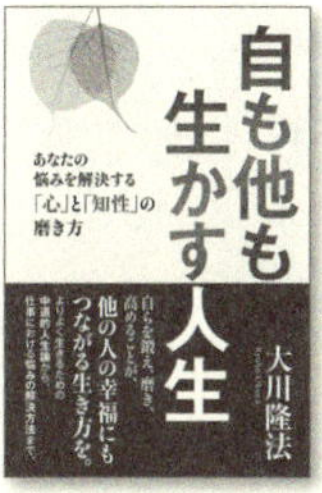

自分を磨くことが周りの人の幸せにつながっていく生き方とは？ 悩みや苦しみを具体的に解決し、人生を好転させる智慧がちりばめられた一冊。

1,760 円

「幸福になれない」症候群

グッドバイ ネクラ人生

自分ではそうと知らずに不幸を愛している――こうした人々を 28 の症例に分け、幸福への処方箋を詳細に説いた〝運命改善講座〟。

1,650 円

人を愛し、人を生かし、人を許せ。

豊かな人生のために

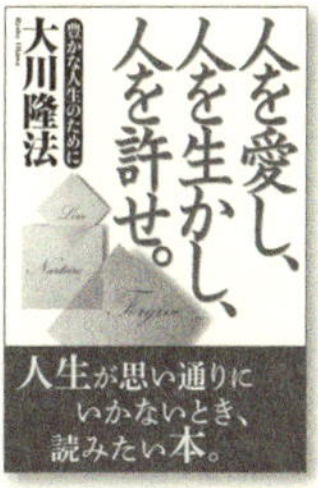

愛の実践や自助努力の姿勢など、豊かな人生への秘訣を語る、珠玉の人生論。心を輝かす数々の言葉が、すがすがしい日々をもたらす。

1,650 円

大川隆法ベストセラーズ・あなたを幸せにする「現代の四正道」

真理学要論

新時代を拓く叡智の探究

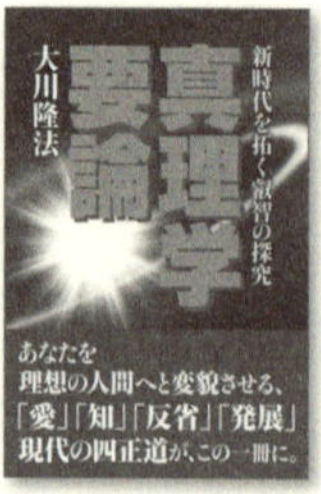

多くの人に愛されてきた真理の入門書。「愛と人間」「知性の本質」「反省と霊能力」「芸術的発展論」の全４章を収録し、幸福に至るための四つの道である「現代の四正道」を具体的に説き明かす（2024年10月改訂新版）。

1,870円

幸福の科学の十大原理（上巻・下巻）

世界178カ国以上に信者を有する「世界教師」の初期講演集。「現代の四正道」が説かれた上巻第1章「幸福の原理」を始め、正しき心を探究する指針がここに。

各1,980円

真実への目覚め

幸福の科学《ハッピー・サイエンス》入門

2010年11月、ブラジルで行われた全５回におよぶ講演を書籍化。全世界にとって大切な「正しい信仰」や「現代の四正道」の教えが、国境や人種を超え、人々の魂を揺さぶる。

1,650円

「幸福の科学教学」を学問的に分析する

幸福の科学教学を大川隆法総裁自らが体系的・客観的に説き明かす。基本教義である「正しき心の探究」と「四正道」を始め、教学の学びを一層深めたいあなたに。

1,650円

※表示価格は税込10%です。

大川隆法ベストセラーズ・主なる神エル・カンターレを知る

信仰の法

法シリーズ 第24巻

地球神エル・カンターレとは

さまざまな民族や宗教の違いを超えて、地球をひとつに──。文明の重大な岐路に立つ人類へ、「地球神」からのメッセージ。

2,200円

メシアの法

法シリーズ 第28巻

「愛」に始まり「愛」に終わる

「この世界の始まりから終わりまで、あなた方と共にいる存在、それがエル・カンターレ」──。現代のメシアが示す、本当の「善悪の価値観」と「真実の愛」。

2,200円

永遠の仏陀

不滅の光、いまここに

〔携帯版〕

〔携帯版〕

すべての者よ、無限の向上を目指せ──。大宇宙を創造した久遠の仏が、生きとし生けるものへ託した願いとは。

1,980円　1,320円

地球を包む愛

人類の試練と地球神の導き

日本と世界の危機を乗り越え、希望の未来を開くために──。天御祖神の教えと、その根源にある主なる神「エル・カンターレ」の考えが明かされた、地球の運命を変える書。

1,760円

※表示価格は税込10%です。

大川隆法ベストセラーズ・仏国土ユートピア建設のために

大川隆法　東京ドーム講演集

エル・カンターレ「救世の獅子吼《ししく》」

全世界から５万人の聴衆が集った情熱の講演が、ここに甦《よみがえ》る。過去に11回開催された東京ドーム講演を収録した、世界宗教・幸福の科学の記念碑的な一冊。

1,980円

真実を貫く

人類の進むべき未来

混迷する世界情勢、迫りくる核戦争の危機、そして誤った科学主義による唯物論の台頭……。地球レベルの危機を乗り越えるための「未来への指針」が示される。

1,760円

自由・民主・信仰の世界

日本と世界の未来ビジョン

真の「自由」とは？ 本当の「民主主義」とは？ そして人権の最後の砦となる「信仰」とは何か──。この一冊に、人類の未来を切り拓く鍵がある。

1,650円

幸福の科学グループのご案内

宗教、教育、政治、出版、芸能文化などの活動を通じて、地球的ユートピアの実現を目指しています。

幸福の科学

一九八六年に立宗。信仰の対象は、大宇宙の根本仏にして地球系霊団の至高神、主エル・カンターレ。世界百七十八カ国以上の国々に信者を持ち、全人類救済という使命の下、信者は、主なる神エル・カンターレを信じ、「愛」と「悟り」と「ユートピア建設」の教えの実践、伝道に励んでいます。

（二〇二五年一月現在）

愛

幸福の科学の「愛」とは、与える愛です。これは、仏教の慈悲《じひ》や布施《ふせ》の精神と同じことです。信者は、仏法真理をお伝えすることを通して、多くの方に幸福な人生を送っていただくための活動に励んでいます。

悟り

「悟り」とは、自らが仏の子であることを知るということです。教学《きょうがく》や精神統一によって心を磨き、智慧《ちえ》を得て悩みを解決すると共に、天使・菩薩《ぼさつ》の境地を目指し、より多くの人を救える力を身につけていきます。

ユートピア建設

私たち人間は、地上に理想世界を建設するという尊い使命を持って生まれてきています。社会の悪を押しとどめ、善を推し進めるために、信者はさまざまな活動に積極的に参加しています。

幸福の科学の教えをさらに学びたい方へ

心を練る。叡智《えいち》を得る。
美しい空間で生まれ変わる──

幸福の科学の精舎《しょうじゃ》

幸福の科学の精舎《しょうじゃ》は、信仰心《しんこうしん》を深め、悟《さと》りを向上させる聖なる空間です。全国各地の精舎では、人格向上のための研修や、仕事・家庭・健康などの問題を解決するための助力が得られる祈願《きがん》を開催《かいさい》しています。研修や祈願に参加することで、日常で見失いがちな、安らかで幸福な心を取り戻《もど》すことができます。

日本全国に27精舎、海外に3精舎を展開。

運命が変わる場所──

幸福の科学の支部《しぶ》

幸福の科学は1986年の立宗《りっしゅう》以来、「私、幸せです」と心から言える人を増やすために、世界各地で活動を続けています。全国・全世界に精舎・支部精舎等を700カ所以上展開し、信仰《しんこう》に出合って人生が好転する方が多く誕生しています。
支部では御法話拝聴会、経典学習会、祈願、お祈り、悩み相談などを行っています。

支部・精舎のご案内

happy-science.jp/whats-happy-science/worship

海外支援・災害支援

幸福の科学のネットワークを駆使し、世界中で被災地復興や教育の支援をしています。「HS・ネルソン・マンデラ基金」では、人種差別をはじめ貧困に苦しむ人びとなどへ、物心両面にわたる支援を行っています。

自殺を減らそうキャンペーン

毎年２万人を超える自殺を減らすため、全国各地で「自殺防止活動」を展開しています。

公式サイト **withyou-hs.net**

自殺防止相談窓口

受付時間　火～土:10～18時（祝日を含む）

TEL **03-5573-7707**　メール **withyou-hs@happy-science.org**

ヘレンの会

公式サイト **helen-hs.net**

視覚障害や聴覚障害、肢体不自由の方々と点訳・音訳・要約筆記・字幕作成・手話通訳等の各種ボランティアが手を携えて、真理の学習や集い、ボランティア養成等、様々な活動を行っています。

幸福の科学　入会のご案内

幸福の科学では、主エル・カンターレ　大川隆法総裁が説く仏法真理《ぶっぽうしんり》をもとに、「どうすれば幸福になれるのか、また、他の人を幸福にできるのか」を学び、実践しています。

入会

仏法真理を学んでみたい方へ

主エル・カンターレを信じ、その教えを学ぼうとする方なら、どなたでも入会できます。入会された方には、『入会版「正心法語《しょうしんほうご》」』が授与されます。
入会ご希望の方はネットからも入会申し込みができます。

happy-science.jp/joinus

三帰《さんき》誓願《せいがん》

信仰をさらに深めたい方へ

仏弟子としてさらに信仰を深めたい方は、仏《ぶっ》・法《ぽう》・僧《そう》の三宝《さんぽう》への帰依を誓う「三帰誓願式」を受けることができます。三帰誓願者には、『仏説・正心法語』『祈願文《きがんもん》①』『祈願文②』『エル・カンターレへの祈り』が授与されます。

幸福の科学 サービスセンター
TEL 03-5793-1727
（受付時間／火～金：10～20時　土・日祝：10～18時（月曜を除く））

幸福の科学 公式サイト
happy-science.jp

幸福実現党

日本の政治に精神的主柱を立てるべく、2009年5月に幸福実現党を立党しました。創立者である大川隆法党総裁の精神的指導のもと、宗教だけでは解決できない問題に取り組み、幸福を具体化するための力になっています。

HS政経塾

大川隆法総裁によって創設された、「未来の日本を背負う、政界・財界で活躍するエリート養成のための社会人教育機関」です。既成の学問を超えた仏法真理を学ぶ「人生の大学院」として、理想国家建設に貢献する人材を輩出するために、2010年に開塾しました。これまで、多数の地方議員が全国各地で活躍してきています。

ハッピー・サイエンス・ユニバーシティ

Happy Science University

ハッピー・サイエンス・ユニバーシティとは

ハッピー・サイエンス・ユニバーシティ（HSU）は、
大川隆法総裁が設立された「日本発の本格私学」です。
建学の精神として「幸福の探究と新文明の創造」を掲げ、
チャレンジ精神にあふれ、新時代を切り拓く人材の輩出を目指します。

人間幸福学部　**経営成功学部**　**未来産業学部**

HSU長生キャンパス　TEL **0475-32-7770**
〒299-4325　千葉県長生郡長生村一松丙 4427-1

未来創造学部

HSU未来創造・東京キャンパス
TEL **03-3699-7707**
〒136-0076　東京都江東区南砂2-6-5

公式サイト **happy-science.university**

学校法人 幸福の科学学園

学校法人　幸福の科学学園は、幸福の科学の教育理念のもとにつくられた教育機関です。人間にとって最も大切な宗教教育を通して精神性を高めながら、ユートピア建設に貢献する人材輩出を目指しています。

幸福の科学学園

中学校・高等学校（那須本校）
2010年4月開校・栃木県那須郡（男女共学・全寮制）
TEL **0287-75-7777**　公式サイト **happy-science.ac.jp**

関西中学校・高等学校（関西校）
2013年4月開校・滋賀県大津市（男女共学・寮及び通学）
TEL **077-573-7774**　公式サイト **kansai.happy-science.ac.jp**

教育事業 幸福の科学グループ

仏法真理塾「サクセスNo.1」

TEL 03-5750-0751（東京本校）

全国に本校・拠点・支部校を展開する、幸福の科学による信仰教育の機関です。小学生・中学生・高校生を対象に、信仰教育・徳育にウエイトを置きつつ、将来、社会人として活躍するための学力養成にも力を注いでいます。

エンゼルプランV

東京本校を中心に、全国に支部教室を展開。0歳～未就学児を対象に、信仰に基づく豊かな情操教育を行う幼児教育機関です。

TEL 03-5750-0757（東京本校）

エンゼル精舎

乳幼児を対象とした幸福の科学の託児型の宗教教育施設です。神様への信仰と「四正道」を土台に、子供たちの個性を育みます。

（※参拝施設ではありません）

不登校児支援スクール「ネバー・マインド」

TEL 03-5750-1741

「信仰教育」と「学業修行」を柱に、再登校へのチャレンジと、生活リズムの改善、心の通う仲間づくりを応援します。

ユー・アー・エンゼル！（あなたは天使！）運動

障害児の不安や悩みに取り組み、ご両親を励まし、勇気づける、障害児支援のボランティア運動を展開しています。

一般社団法人
ユー・アー・エンゼル
TEL 03-6426-7797

公益活動支援

学校でのいじめをなくし、教育改革をしていくためにさまざまな社会提言をしています。
さらに、いじめ相談を行い、各地で講演や学校への啓発ポスター掲示等に取り組む一般財団法人「いじめから子供を守ろうネットワーク」を支援しています。

公式サイト mamoro.org　ブログ blog.mamoro.org

相談窓口 TEL.03-5544-8989

百歳まで生きる会 ～いくつになっても生涯現役～

幸福の科学

「百歳まで生きる会」は、生涯現役人生を掲げ、友達づくり、生きがいづくりを通じ、一人ひとりの幸福と、世界のユートピア化のために、全国各地で友達の輪を広げ、地域や社会に幸福を広げていく活動を続けているシニア層（55歳以上）の集まりです。

【サービスセンター】TEL 03-5793-1727

シニア・プラン21

【サービスセンター】TEL 03-5793-1727

「百歳まで生きる会」の研修部門として、心を見つめ、新しき人生の再出発、社会貢献を目指し、セミナー等を開催しています。